中学

入試に出る歴史人物完全攻略

～はじめに～

みなさんは，社会の受験対策《じゅけんたいさく》をどのようにしていますか？　社会は，地理，歴史，政《せい》治《じ》・国際《こくさい》と分野が広く，覚えることも多くてたいへんと感じる人もいるのではないでしょうか。中学入試の社会で出題される割合《わりあい》が最も高いのが，歴史分野です。そして，よりくわしく分析《ぶんせき》すると，下のランキングにあるように，よく出題される人物がいます。そのため，入試によく出る歴史人物のよく出る内容《ないよう》を集中して学習すれば，中学入試の社会の得点アップに効果的《こうかてき》なのです。この本のねらいはそこにあります。

この本は最新の中学入試を徹底的《てっていてき》に分析《ぶんせき》し，よく出題される歴史人物を選んでまとめています。この本で，「入試の歴史人物」を完全に攻略《こうりゃく》し，自信をもって試験に臨《のぞ》んでください。晴れて合格《ごうかく》を勝ち取れるよう，応援《おうえん》しています。

編集部《へんしゅうぶ》

RANKING よく出る歴史人物ランキング

1位	豊臣秀吉《とよとみひでよし》	11位	板垣退助《いたがきたいすけ》
2位	織田信長《おだのぶなが》	12位	中大兄皇子《なかのおおえのおうじ》(天智《てんじ》天皇)
3位	聖武天皇《しょうむてんのう》	13位	後鳥羽上皇《ごとばじょうこう》
4位	伊藤博文《いとうひろぶみ》	14位	鑑真《がんじん》
5位	聖徳太子《しょうとくたいし》	15位	空海《くうかい》
6位	源頼朝《みなもとのよりとも》	16位	藤原道長《ふじわらのみちなが》
7位	平清盛《たいらのきよもり》	17位	菅原道真《すがわらのみちざね》
8位	徳川家康《とくがわいえやす》	18位	陸奥宗光《むつむねみつ》
9位	徳川家光《とくがわいえみつ》	19位	坂本龍馬《さかもとりょうま》
10位	足利義満《あしかがよしみつ》	20位	徳川吉宗《とくがわよしむね》

もくじ _Contents >>>>

☐ 第1章 >
> 弥生時代 ～ 平安時代 >

ひみこ 卑弥呼	6
しょうとくたいし 聖徳太子【第5位】	8
なかのおおえのおうじ てんじてんのう 中大兄皇子（天智天皇）【第12位】	10
しょうむてんのう 聖武天皇【第3位】	12
ぎょうき 行基	14
がんじん 鑑真【第14位】	15
かんむてんのう 桓武天皇	16
さいちょう 最澄	18
くうかい 空海【第15位】	19
すがわらのみちざね 菅原道真【第17位】	20
たいらのまさかど 平将門	21
ふじわらのみちなが 藤原道長【第16位】	22
ふじわらのよりみち 藤原頼通	24
せいしょうなごん 清少納言	25
むらさきしきぶ 紫式部	26
しらかわじょうこう 白河上皇	27
たいらのきよもり 平清盛【第7位】	28
ここだけチェック！ 重要年表	30

☐ 第2章 >
> 鎌倉時代 ～ 室町時代 >

みなもとのよりとも 源頼朝【第6位】	32
ごとばじょうこう 後鳥羽上皇【第13位】	34
ほうじょうまさこ 北条政子	35
しんらん 親鸞	36
ほうじょうやすとき 北条泰時	37
ほうじょうときむね 北条時宗	38
ごだいごてんのう 後醍醐天皇	40
あしかがたかうじ 足利尊氏	42
あしかがよしみつ 足利義満【第10位】	44
あしかがよしまさ 足利義政	46
せっしゅう 雪舟	48
ここだけチェック！ 重要年表	50

□ 第3章 >

> 安土桃山時代 ～ 江戸時代 >

織田《おだ》信長《のぶなが》【第２位】 …… 52

豊臣《とよとみ》秀吉《ひでよし》【第１位】 …… 54

今川《いまがわ》義元《よしもと》 …… 56

フランシスコ＝ザビエル …… 57

徳川《とくがわ》家康《いえやす》【第８位】 …… 58

徳川《とくがわ》家光《いえみつ》【第９位】 …… 60

徳川《とくがわ》綱吉《つなよし》 …… 62

近松《ちかまつ》門左衛門《もんざえもん》 …… 63

徳川《とくがわ》吉宗《よしむね》【第20位】 …… 64

松平《まつだいら》定信《さだのぶ》 …… 66

水野《みずの》忠邦《ただくに》 …… 67

本居《もとおり》宣長《のりなが》 …… 68

杉田《すぎた》玄白《げんぱく》 …… 69

歌川《うたがわ》広重《ひろしげ》 …… 70

伊能《いのう》忠敬《ただたか》 …… 71

井伊《いい》直弼《なおすけ》 …… 72

吉田《よしだ》松陰《しょういん》 …… 73

ペリー …… 74

徳川《とくがわ》慶喜《よしのぶ》 …… 75

坂本《さかもと》龍馬《りょうま》【第19位】 …… 76

ここだけチェック！ 重要年表 …… 78

□ 第4章 >

> 明治時代 ～ 昭和時代 >

西郷《さいごう》隆盛《たかもり》 …… 80

岩倉《いわくら》具視《ともみ》 …… 81

板垣《いたがき》退助《たいすけ》【第11位】 …… 82

大隈《おおくま》重信《しげのぶ》 …… 83

伊藤《いとう》博文《ひろぶみ》【第４位】 …… 84

陸奥《むつ》宗光《むねみつ》【第18位】 …… 86

福沢《ふくざわ》諭吉《ゆきち》 …… 88

夏目《なつめ》漱石《そうせき》 …… 89

野口《のぐち》英世《ひでよ》 …… 90

犬養《いぬかい》毅《つよし》 …… 91

与謝野《よさの》晶子《あきこ》 …… 92

吉田《よしだ》茂《しげる》 …… 93

ここだけチェック！ 重要年表 …… 94

◉ さくいん …… 95

□ 別冊　入試に出る歴史人物完全攻略
中学入試過去問集

Guide

この本の特長と使い方

- □ 時代順にまとまっているので，歴史の流れにそって学習することができます。
- □ 出題ランキング順位を示《しめ》してあるので，よく出るものを優先的《ゆうせんてき》に学習できます。
- □ 調べたい人物や用語を，巻末《かんまつ》のさくいんから探《さが》すこともできます。
- □ 各章の最後のページでは，時代ごとの重要なポイントが人物中心にまとめてあります。試験直前の確認《かくにん》に使えます。

解説《かいせつ》のページ

ランキング
上位のものは優先的に学習しましょう。

出る マークや
赤文字
入試でよく出る内容《ないよう》です。

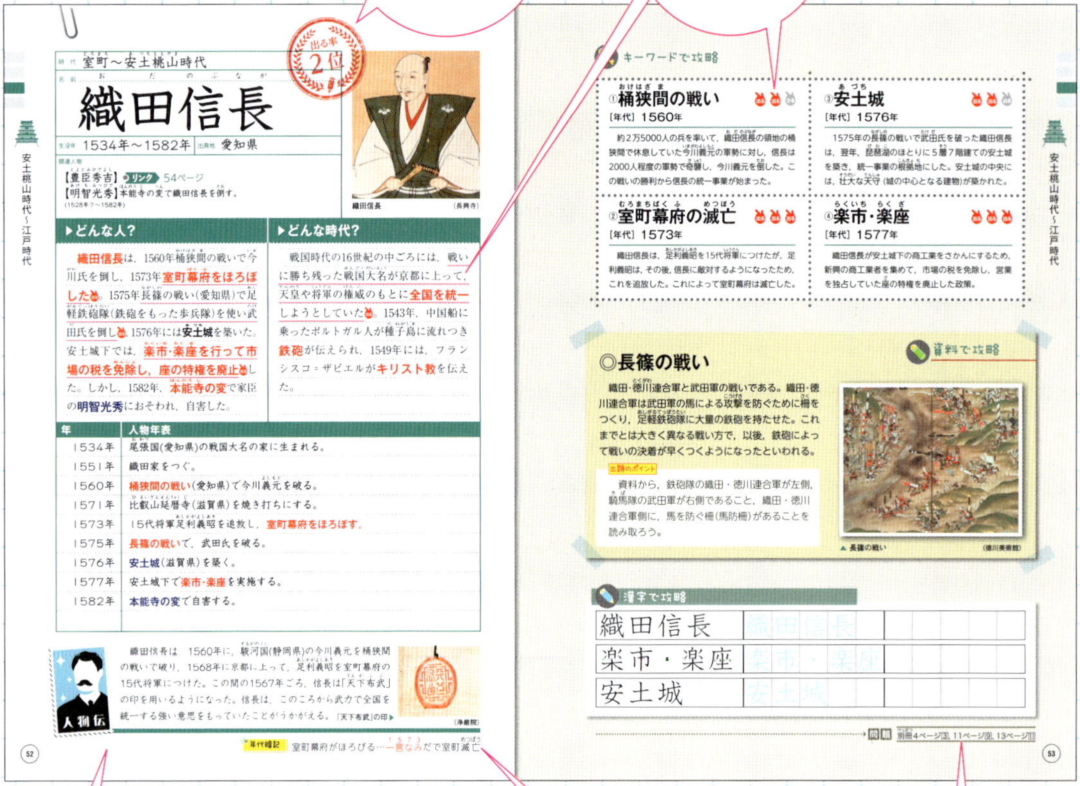

1ページ目
それぞれの人物の**重要な内容**をまとめています。
2ページ目
ランキング上位の人物は，**キーワード**や**資料**，**漢字練習**でさらに重点的に対策できます。

年代暗記
重要な年代はゴロ合わせで覚えておきましょう。

問題へのリンク
別冊《べっさつ》の中学入試過去問集《かこもんしゅう》にある，その歴史人物をあつかっている問題のページです。

弥生《やよい》時代～平安《へいあん》時代

▶古代の日本

★この章の人物

弥生時代

◎ 卑弥呼《ひみこ》

飛鳥時代

◎ 聖徳太子《しょうとくたいし》【第5位】

◎ 中大兄皇子《なかのおおえのおうじ》(天智天皇)【第12位】

奈良時代

◎ 聖武天皇《しょうむてんのう》【第3位】

◎ 行基《ぎょうき》

◎ 鑑真《がんじん》【第14位】

平安時代

◎ 桓武天皇《かんむてんのう》

◎ 最澄《さいちょう》

◎ 空海《くうかい》【第15位】

◎ 菅原道真《すがわらのみちざね》【第17位】

◎ 平将門《たいらのまさかど》

◎ 藤原道長《ふじわらのみちなが》【第16位】

◎ 藤原頼通《ふじわらのよりみち》

◎ 清少納言《せいしょうなごん》

◎ 紫式部《むらさきしきぶ》

◎ 白河上皇《しらかわじょうこう》

◎ 平清盛《たいらのきよもり》【第7位】

時代　弥生《やよい》時代

名前

卑弥呼《ひみこ》

生没年　２世紀末～３世紀前半　　出身地　九州北部？　畿内《きない》(大和《やまと》)？

関連人物

【卑弥呼の弟】卑弥呼のそばにあって，政務を補佐した。
【奴国《なこく》《なのくに》の王《おう》】1世紀，漢《かん》(後漢《ごかん》)の皇帝《こうてい》から金印《きんいん》を授かった。

卑弥呼（想像図）（滋賀県立近代美術館）

▶どんな人？

卑弥呼は中国の歴史書である『**魏志《ぎし》**』**倭人伝《わじんでん》**に記された**邪馬台国《やまたいこく》の女王**。もとは男の王だったが，国内が治まらなかったため，女王(卑弥呼)をたてたところ国内が治まったとされる。巫女《みこ》のような性格をもち，占《うらな》いやまじないなどで政治を行った。**239年，魏に使者を送り**，皇帝から「親魏倭王《しんぎわおう》」の称号と金印や100枚の銅鏡などを授かったとされる。

▶どんな時代？

当時の日本は弥生時代で，邪馬台国より約200年前の１世紀(57年)には，**奴国《なこく》の王が漢(後漢)に貢《みつ》ぎ物《もの》を贈《おく》り，皇帝から金印を授かった**とされている。

卑弥呼の時代は，中国は，**魏・呉《ご》・蜀《しょく》の３国が国土を分割して争う三国時代**だった。朝鮮《ちょうせん》半島には漢が楽浪郡《らくろうぐん》を置き，朝鮮半島北部では**高句麗《コグリョ》《こうくり》**が勢力を広げていた。

年	人物年表
	生没年《せいぼつ》は不明。邪馬台国の位置については多くの説があるが，**九州北部説**と**畿内《きない》説**が有力である。
	邪馬台国の女王となる。
239年	**魏**に使者を送り，「親魏倭王」の称号と金印や100枚の銅鏡などを授かったとされる。
248年	このころ，なくなる。大きな墓がつくられたとされる。

『魏志』の倭人伝には，朝鮮半島から邪馬台国に行くための道のりが記されているが，経路の記述があいまいなため，位置を特定できない。このため，古くから邪馬台国の位置をめぐって論争が続いている。その位置は九州北部説と畿内説が有力である。

考古学的には出土品の多い畿内説が有力だが，九州北部にあった邪馬台国が敵国を倒《たお》しながら畿内にまで移ってきたとする「邪馬台国東遷説《とうせんせつ》」もある。

年代暗記　魏《ぎ》に使者を送る…文く《239》ださいね　卑弥呼《ひみこ》より

キーワードで攻略

①金印《きんいん》

出る 出る 出る

[年代] 57年

『後漢書《ごかんじょ》』東夷伝《とういでん》によると，57年，九州北部の小国の1つであった奴国《なこく》の王は，後漢の光武帝《こうぶてい》に貢《みつ》ぎ物《もの》を贈《おく》り，皇帝から金印を授かったとされている。

この金印には，「漢委奴国王《かんのわのなのこくおう》」と刻まれていて，奴国が，後漢の皇帝の権威《けんい》を借りて，国内のほかの国に対して自国の権威を高めようとする意図があったと考えられている。

この金印と思われるものが，1784年に，福岡県の志賀島《しかのしま》で発見された。

▲ 金印　（福岡市博物館）

②『魏志《ぎし》』倭人伝《わじんでん》

出る 出る 出る

[年代] 3世紀ごろ

『魏志』は，中国の歴史書『三国志《さんごくし》』のうちの魏のことを記した部分で，倭人伝はそのうちの日本に関することが書かれた部分のことである。

女王の卑弥呼の政治や倭人(日本人)の社会・風俗などに関することが書かれている。衣服は，横広の布で結び束《たば》ねているだけで，ほとんどぬっていない。女性は，布の中央に穴をあけて頭を通している。稲や麻《あさ》を植え，桑《くわ》を栽培してかいこを飼《か》い，糸をつむいで麻や絹《きぬ》の布をつくっている。また，人々は冬も夏も，生野菜を食べているなどの記述もある。

資料で攻略

◎吉野ヶ里遺跡《よしのがりいせき》

むらのまわりを堀《ほり》やさくで囲んだ弥生《やよい》時代の環濠《かんごう》集落で，物見やぐらがあり，外敵に備えるためにさまざまな工夫をしていた。当時のむらやくにの様子を知ることができる。発見当時，邪馬台国《やまたいこく》の遺跡ではないかと話題になった。

出題のポイント

右の写真の集落のつくり方から，外敵との戦いに備えていたことを読みとることが最も重要である。また争いの原因が稲作をめぐるものだったことを理解しておこう。

▲ 吉野ヶ里遺跡(佐賀県)　（佐賀県教育庁）

漢字で攻略

卑弥呼	卑弥呼	
邪馬台国	邪馬台国	
魏	魏	

問題　別冊《べっさつ》2ページ1，3ページ2

出る率 5位

時代　飛鳥《あすか》時代

名前

聖徳太子《しょうとくたいし》

生没年　574年～622年　出身地　奈良県

関連人物

【推古天皇《すいこてんのう》】日本で初の女性天皇。聖徳太子のおば。
(554年～628年)

【蘇我馬子《そがのうまこ》】聖徳太子と協力して政治を行う。
(?～626年)

聖徳太子と伝えられる肖像　（宮内庁）

▶どんな人?

おばの**推古天皇**を助けて，**蘇我氏**と協力して政治を行った。**冠位《かんい》十二階**や**十七条の憲法**を定めるなど，天皇を中心とする新しい政治のしくみを整え，**法隆寺《ほうりゅうじ》を建てるなどして仏教を広めようとした**。中国に**遣隋使《けんずいし》**を派遣《はけん》し，大陸から政治のしくみや文化を取り入れた。

▶どんな時代?

聖徳太子が生まれた6世紀には，**大陸から日本に仏教が伝わった**。また，天皇の力が不安定で，有力な豪族《ごうぞく》の**蘇我氏**と**物部氏《もののべ》**が朝廷《ちょうてい》での主導権《しゅどうけん》を争っていた。仏教を受け入れた蘇我氏は渡来人《とらいじん》が大陸から伝えた技術や文化を背景に力をのばしていった。飛鳥地方を中心に栄えたこのころの文化を**飛鳥文化**といい，**日本最初の仏教文化**だった。

年	人物年表
574年	用明《ようめい》天皇の子として生まれる。
587年	**蘇我氏**とともに，物部氏をほろぼす。
593年	**推古天皇**の**摂政《せっしょう》**となる。
	四天王寺《してんのうじ》(大阪府)を建てる。
601年	斑鳩宮《いかるがのみや》(奈良県)をつくる。
603年	**冠位十二階**を定める。
604年	**十七条の憲法**を定める。
607年	**遣隋使**を派遣する。
	法隆寺(奈良県)を建てる。
622年	斑鳩宮でなくなる。

聖徳太子は，遣隋使の小野妹子《おののいもこ》に，「日《ひ》いずる処《ところ》の天子，書を日没《ぼっ》する処の天子に致《いた》す。つつがなきや…(日がのぼる日本の天皇《てんのう》から，日のしずむ隋《ずい》の皇帝に手紙を送ります，お元気ですか)」という手紙を持たせた。この対等の交流を求める日本からの手紙は，隋の皇帝煬帝《こうていようだい》を激怒《げきど》させた。しかし，当時，高句麗《コグリョ》《こうくり》を征服しようと考えていた煬帝は，日本との争いをさけようと考え，日本に返礼の使者を送った。

年代暗記　第１回遣隋使《けんずいし》の派遣《はけん》…むれな《６０７》しわたる遣隋使

キーワードで攻略

①冠位十二階《かんい》

出る 出る 出る

[年代] 603年

聖徳太子《しょうとくたいし》が定めた役人の登用制度。12階級に色分けした冠《かんむり》を，位に応じて役人にあたえた。家柄《いえがら》に関係なく，才能や功績のある人物を役人に用いることができるようになった。

②十七条の憲法

出る 出る 出る

[年代] 604年

天皇《てんのう》を中心とする国づくりをするために聖徳太子によって出された，役人の政治や仕事に対する心構《こころがま》えを示したもの。天皇の命令に従うこと，仏教を信《しん》仰《こう》することなどが定められている。

〈第１条〉
人の和を大切にし，争うことがないようにしなさい。

〈第２条〉
仏の教えをあつく敬《うやま》いなさい。

〈第３条〉
天皇の命令には必ず従いなさい。　（一部要約）

③遣隋使《けんずいし》

出る 出る 出る

[年代] 607年

聖徳太子が，隋(中国)の政治のしくみや文化を取り入れるために派遣した使節。小野妹子《おののいもこ》らの使節や，留学生・留学僧などが派遣《はけん》された。

資料で攻略

◎法隆寺《ほうりゅうじ》

７世紀の初めに，聖徳太子が建てたとされる寺で，飛鳥《あすか》文化を代表する建築物。７世紀後半に火災にあって７世紀末～８世紀初めに再建されたといわれるが，それでも現存する世界最古の木造の建築物で，世界遺産《いさん》にも登録されている。

出題のポイント

右のような写真をもとに，この建築物を建てた人物の名や文化名などがよく問われる。「法隆寺－聖徳太子」「法隆寺－飛鳥文化」は組み合わせて覚えておこう。

▲ 法隆寺(奈良県)

漢字で攻略

聖徳太子	聖徳太子
法隆寺	法隆寺
遣隋使	遣隋使

問題　別冊《べっさつ》3ページ2，6ページ4

出る率 12位

時代 飛鳥《あすか》時代

名前

中大兄皇子《なかのおおえのおうじ》

生没年 626年～671年　出身地 奈良県

中大兄皇子(天智《てんじ》天皇)

関連人物

【中臣鎌足《なかとみのかまたり》】中大兄皇子とともに蘇我《そが》氏をほろぼす。
(614年～669年)

【蘇我氏】聖徳太子《しょうとくたいし》の一族をほろぼし，大和政権《やまとせいけん》の権力を独占する。

▶どんな人？

中大兄皇子は，**蘇我氏**の独裁的な政治に不満をもち，天皇《てんのう》中心の強力な中央集権国家をつくる必要性を感じていた。**中臣鎌足**と協力し，留学生らの意見を取り入れて政治改革をくわだて，**645年，蘇我蝦夷《えみし》・入鹿《いるか》父子をほろぼした**。

皇太子《こうたいし》となった中大兄皇子は，政治の改革に乗り出した。この政治の改革を**大化《たいか》の改新《かいしん》**とよんでいる。

▶どんな時代？

聖徳太子《しょうとくたいし》の死後，**蘇我氏**が勢力を強め，太子の子の山背大兄王《やましろのおおえのおう》とその一族をほろぼし，大和政権での権力を独占《どくせん》していた。しかし，この**蘇我氏の独裁的な政治には，人々の不満が高まって**いた。

朝鮮《ちょうせん》半島では，新羅《シルラ》《しらぎ》が唐《とう》と結んで百済《ペクチェ》《くだら》や高句麗《コグリョ》《こうくり》をほろぼした。日本は，百済救援のために出兵したが敗れ(**白村江《はくすきのえ》《はくそんこう》の戦い**)，以後朝鮮半島から手を引いた。

年	人物年表
626年	舒明天皇《じょめいてんのう》の子として生まれる。
645年	蘇我氏をほろぼし，**大化の改新**をすすめる。
	皇太子《こうたいし》となって政治を行う。
	初めての年号である**「大化」**を定める。
663年	**白村江の戦い**で，新羅と唐の連合軍に敗れる。
667年	都を大津宮《おおつのみや》(滋賀県)に移す。
668年	即位《そくい》して**天智天皇《てんじ》**となる。
670年	初めての全国的な戸籍《こせき》である**「庚午年籍《こうごねんじゃく》」**をつくる。
671年	なくなる。

倭《わ》にかわる「日本」という国号は，いつごろから使われるようになったのだろうか。唐《とう》の成立から滅亡《めつぼう》までを記した中国の歴史書の『旧唐書《きゅうとうじょ》』によれば，「国，日いづる所に近きを持って日本を名となす…」とある。

日本という国号は，7世紀後半から，「天皇」の称号《しょうごう》とともに用いられるようになり，701年の大宝律令《たいほうりつりょう》で法的に定まったとされている。

年代暗記 大化《たいか》の改新《かいしん》が始まる…無事故《645》で世づくり大化の改新

キーワードで攻略

①大化《たいか》の改新《かいしん》の方針 出る 出る 出る

[年代] 646年

646年に改新の詔《みことのり》（天皇の命令）を出して，天皇を中心とする中央集権国家をつくりあげる方針が示されたとされる。その実現まで約50年かかった。

	大化の改新前の社会	大化の改新後の社会
特色	氏姓《しせい》制度の社会	律令《りつりょう》国家への歩み
	天皇を中心とする豪《ごう》族《ぞく》の連合政権	天皇を中心とする中央集権国家
土地	皇室・豪族の私有	公地（国有）となる
人民	皇室・豪族の私有	公民（国有）となる
天皇	皇室も豪族の1つ	天皇の権威は絶対的
豪族	土地・人民を私有	朝廷に仕える貴族《きぞく》

②白村江《はくすきのえ》《はくそんこう》の戦い 出る

[年代] 663年

日本と交流の深い百済が，新羅と唐の連合軍にほろぼされた。日本は百済救援のために出兵し，新羅と唐の連合軍と戦って敗れ（白村江の戦い），以後，朝鮮半島から手を引き，国内の政治に力を入れた。

③「大化」 出る

[年代] 645年

中大兄皇子は，645年，中国にならって年号を「大化」とした。これは日本で初めての年号で，この年に始まった政治改革を，大化の改新とよんでいる。

◎大宝《たいほう》律令

大化の改新後の50年余りの改新政治をうけ，701年，藤原不比等《ふじわらのふひと》らが唐の法令にならって，律（刑《けい》罰《ばつ》のきまり）と令（政治のきまり）によって国を治める，律令国家のしくみを定めた大宝律令を制定した。

これによって，中央集権のしくみが整い，律令にもとづいて政治を行う律令国家の形成となった。

出題のポイント

大化の改新の方針は大宝律令によって確立されたこと，大宝律令は唐の律令制度を手本としてつくられたことをおさえておこう。

資料で攻略

大宝律令にもとづく政治のしくみ

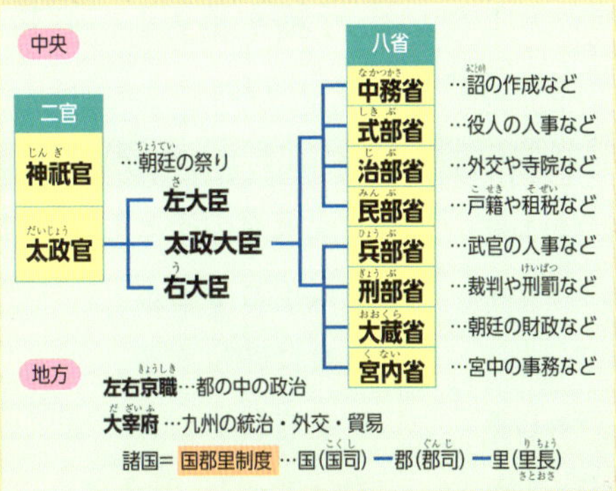

漢字で攻略

中大兄皇子	中大兄皇子	
中臣鎌足	中臣鎌足	
公地公民	公地公民	

出る率 3位

時代 奈良《なら》時代

名前

聖武天皇《しょうむてんのう》

生没年 701年～756年　出身地 奈良県

関連人物

【行基《ぎょうき》】 リンク 14ページ

【光明皇后《こうみょうこうごう》】聖武天皇の妻。施薬院《せやくいん》・悲田院《ひでんいん》などを設置した。
(701年～760年)

聖武天皇　(東大寺)

▶どんな人？

聖武天皇は，仏教の力で国の平安を保とうとして，人々に**仏教**を信仰《しんこう》することをすすめた。そして，都には総国分《こくぶん》寺《じ》として**東大寺《とうだいじ》**を建立《こんりゅう》し，**大仏**を安置した（出る）。また，国ごとに**国分寺**と**国分尼《に》寺**を建てた（出る）。大仏の造立《ぞうりゅう》には，各地で土木工事を行ったり，社会事業を行ったりしていた**行基**が協力し，朝廷《ちょうてい》から高い僧《そう》の位《くらい》をもらった。

▶どんな時代？

奈良時代の初めごろは，皇族《こうぞく》が政治を行い，朝廷が強い力をもっていた。しかし，皇族や貴族《きぞく》の間で権力争いがしばしばおこった。また，**聖武天皇**が即位《そくい》したころは，凶作《きょうさく》が続き，伝染病《でんせんびょう》が流行するなど，社会不安が広がっていた（出る）。

聖武天皇の時期を中心に，遣唐使《けんとうし》などがもたらした唐《とう》や西域《せいいき》の文化の影響《えいきょう》を受けた**天平《てんぴょう》文化**（出る）が栄えた。

年	人物年表
701年	文武《もんむ》天皇の子として生まれる。
714年	皇太子《こうたいし》となる。
724年	天皇に即位《そくい》する。
740年	大宰府《だざいふ》(福岡県)で藤原広嗣《ふじわらのひろつぐ》の乱がおこる。以後，次々と都を移す。
741年	**国分寺・国分尼寺**建立の詔《みことのり》(天皇の命令)を出す。
743年	**墾田永年私財法《こんでんえいねんしざいほう》**を出す。
	東大寺の大仏造立の詔を出す。
745年	都を平城京《へいじょうきょう》にもどす。
752年	東大寺の大仏が完成する。
756年	なくなる。

奈良時代の農民の多くは，古墳《こふん》時代と同じような竪穴《たてあな》住居に住み，口分田《くぶんでん》を与えられた人々には租《そ》・調《ちょう》・庸《よう》などの重い税や雑徭《ぞうよう》(労役)が課せられた。そのため，人々の中には，口分田をすててにげ出し，貴族《きぞく》や寺社の私有民になったり，かってに僧《そう》になったりして，税をまぬがれる者もいた。このころの農民の貧しいくらしを，山上憶良《やまのうえのおくら》は「貧窮問答歌《ひんきゅうもんどうか》」によんだ。

年代暗記 墾田永年私財法《こんでんえいねんしざいほう》が出される…なじみ《743》になった私財法

キーワードで攻略

①墾田永年私財法《こんでんえいねんしざいのほう》 出る 出る 出る

[年代] 743年

朝廷《ちょうてい》は口分田《くぶんでん》の不足をおぎなうため，723年に三世《さんぜ》一身《いっしん》の法《ほう》を出して，土地を開墾《かいこん》した者には3代に限って私有を認め，ついで743年には，墾田永年私財法を出して，新しく開墾した土地の永久私有を認めた。

②貧窮問答歌《ひんきゅうもんどうか》 出る 出る 出る

[年代] 731年ごろ

『万葉集《まんようしゅう》』におさめられた山上憶良《やまのうえのおくら》の歌で，奈良《なら》時代の農民の苦しいくらしや，きびしい税の取り立てがえがかれている。

> …ぼろぼろに破れた着物を着て，倒《たお》れかけた家の地面にわらをしいて，父母はわたしのまくらのほうに，妻子は足のほうにいてなげき悲しんでいる。かまどには火の気はなく，米をむすこしきもくもの巣《す》だらけになっている。こんな状態なのに，むちをもった里長《りちょう》が税を取り立てるために，寝《ね》ているところまで《さとおさ》きて大きな声をあげている。こんなにもどうしようもないものか，この世に生きていくことは…。　(一部要約)

③正倉院《しょうそういん》 出る 出る 出る

もとは東大寺《とうだいじ》の倉庫で，756年に聖武天皇がなくなった後，光明皇后が東大寺の大仏に奉納《ほうのう》した天皇の遺品《いひん》などを中心に保存されていた。現在は，宮内《くない》庁《ちょう》が管理している。

◎東大寺《とうだいじ》

資料で攻略

聖武天皇《しょうむてんのう》は，仏教の力で国を守ろうとして，人々に仏教の信仰をすすめた。全国に国分寺《こくぶんじ》と国分尼《に》寺を建て，都には，総国分寺として東大寺を建立し，本尊《ほんぞん》として大仏を安置して国の平安を祈った。

出題のポイント

東大寺に関連して，当時の社会状況や，建立した人物，総国分寺であること，大仏の造立の理由や協力した行基《ぎょうき》の業績などが出題される。しっかりおさえておこう。

▲ 東大寺大仏殿(奈良県)

漢字で攻略

聖武天皇	聖武天皇	
行基	行基	
正倉院	正倉院	

問題　別冊《べっさつ》2ページ1，3ページ2，4ページ3

時代　奈良《なら》時代

名前

行《ぎょう》　基《き》

生没年　668年～749年

出身地　大阪府

関連人物

【聖武天皇《しょうむてんのう》】 リンク 12ページ

行　基　（東大寺）

▶どんな人？

682年に出家《しゅっけ》し，民衆に仏教を布教しながら，諸国をまわって橋や用水路をつくるなどの土木工事を行ったりして人々にしたわれていた。当時の仏教は，皇族《こうぞく》や貴族《きぞく》が信仰《しんこう》するもので農民を救うものではないとして，朝廷《ちょうてい》から弾圧《だんあつ》された。743年，**東大寺《とうだいじ》の大仏造立《ぞうりゅう》**にあたって，天皇の命令をうけて協力出るし，745年，**大僧正《だいそうじょう》**に任じられた。

▶どんな時代？

行基の活動した奈良時代の初めごろは，凶作《きょうさく》が続き，伝染病《でんせんびょう》が流行するなど，社会不安が広がり，農民の苦しい生活が続く時代だった。また，皇族や貴族の間でも権力争いがしばしばおこった。そこで，**聖武天皇**は大仏を造立し，**社会の不安を取り除こうとして**，行基に協力を求めた出る。

年	人物年表
668年	河内《かわち》国（大阪府）で生まれる。
682年	出家する（僧《そう》になる）。
717年	民間への布教が法に反するとして，朝廷より弾圧される。
743年	**東大寺の大仏造立**に，弟子を率いて協力する。
745年	**大僧正**に任じられる。
749年	なくなる。
752年	東大寺の大仏が完成する。

▲ 東大寺の大仏（奈良県）　（東大寺）

東大寺《とうだいじ》の大仏の造立は，聖武天皇《しょうむてんのう》にとっては社会の不安を取り除き国の平安を保とうとするものであったが，農民にとっては労働力をうばわれるなど，大きな負担となった。そのため，朝廷は農民の間で大きな人望のあった行基《ぎょうき》を重く用いて農民の協力を得ようとした。そののち，行基は僧として最高の位である大僧正に任じられたが，大仏が完成しても，農民のくらしが楽になることはなかった。

年代暗記　大仏開眼供養《かいげんくよう》…おな《7》ご《5》に《2》似たるやさしき大仏

出る率 14位

時代	奈良《なら》時代
名前	鑑《がん》真《じん》
生没年	688年～763年
出身地	中国（唐《とう》）

関連人物
【聖武天皇《しょうむてんのう》】 リンク 12ページ

鑑真　（東大寺）

▶どんな人？

唐の高僧《こうそう》であった**鑑真**は，**留学僧**を通じた朝廷《ちょうてい》の招《まね》きに応じて日本にわたることを決意したが，渡航《とこう》に５回も失敗し，盲目《もうもく》となった。しかしあきらめず，６回目の渡航（来日を決意してから12年目）で来日に成功し，仏教の戒律《かいりつ》（僧などが守るべききまり）を伝え，平城京《へいじょうきょう》に**唐招提寺**《とうしょうだいじ》を建てて，仏教を広めた。

▶どんな時代？

８世紀の初めごろの日本には，僧になるためのはっきりしたきまりがなく，くらしに困った者たちがかってに僧になるという状況があった。このため，朝廷は，仏教の正しい戒律を伝えることができる中国の僧を求めていた。この願いを聞き入れ，日本にわたることを決意したのが**鑑真**だった。

年	人物年表
688年	中国（唐）で生まれる。
701年	出家《しゅっけ》する（僧になる）。
742年	日本の朝廷の願いに応じ，日本に行くことを決意する。
	この間，５回の渡航に失敗し，盲目となる。
753年	６回目の渡航に成功し，日本に上陸する。
754年	平城京に入る。
758年	朝廷から大和上《だいわじょう》の称号《しょうごう》をおくられる。
759年	**唐招提寺**を建てる。
763年	なくなる。

▲ 唐招提寺（奈良県）　（唐招提寺）

唐《とう》の都長安《ちょうあん》へは，数多くの遣唐使《けんとうし》や留学生・留学僧がわたり，政治制度や学問，習慣などを伝えたが，日本に帰れなかった人もいた。阿倍仲麻呂《あべのなかまろ》は，留学生として唐にわたり，皇帝《こうてい》に仕えて高官となったが，帰国のとちゅうで船が難破《なんぱ》して帰ることができず，唐に50年間以上もとどまり，唐で一生を終えた。「天《あま》の原《はら》　ふりさけ見れば　春日《かすが》なる　三笠《みかさ》の山に　出でし月かも」と故郷をなつかしむ歌をうたった。

年代暗記　鑑真《がんじん》が来日する…鑑真はおそれな《7》い《5》さ《3》，日本上陸

時代 平安時代《へいあん》

名前 かんむてんのう

桓武天皇

生没年 737年～806年　出身地 奈良県

関連人物

【坂上田村麻呂《さかのうえのたむらまろ》】征夷大将軍《せいいたいしょうぐん》に任命《にんめい》され，蝦夷《えみし》を平定した。
(758年～811年)

桓武天皇　(延暦寺)

▶どんな人?

桓武天皇は，政治に口出しすることが多くなった仏教勢力との関係を絶ち，人心を一新して**律令《りつりょう》政治を立て直す**ために，仏教勢力を奈良(平城京《へいじょうきょう》)に残したまま，784年に長岡京《ながおかきょう》に都を移した。さらに，794年には**平安京(京都府)に都を移した**出る。また，朝廷《ちょうてい》に抵抗《ていこう》する蝦夷をおさえるために，坂上田村麻呂を征夷大将軍に任命し，蝦夷を平定出るした。

▶どんな時代?

奈良時代の中ごろから，政治の実権をめぐり，貴族《きぞく》の間に勢力争いがおきて政治が乱れ，天皇の信頼を得て皇位《こうい》をねらう僧《そう》も現れた。また，開墾《かいこん》した土地の私有を認めたことから，土地と人民を国家が支配する公地・公民制がゆるみ律令《りつりょう》制度もくずれていった出る。さらに，東北では蝦夷がはげしく抵抗するなど，不安な社会だった。

年	人物年表
737年	光仁天皇《こうにんてんのう》の皇子《おうじ》として生まれる。
773年	皇太子《こうたいし》となる。
781年	天皇に即位《そくい》する。
784年	長岡京に都を移す。
794年	**平安京**に都を移す。
797年	**坂上田村麻呂を征夷大将軍に任命**し，東北地方の蝦夷を平定する。
806年	なくなる。

桓武天皇が武力で蝦夷を支配しようとすると，蝦夷の指導者のアテルイはこれに激《はげ》しく抵抗《ていこう》し，789年の朝廷軍との戦いでは，朝廷軍に大きな打撃《だげき》をあたえた。

桓武天皇から征夷大将軍に任命された坂上田村麻呂は，胆沢《いさわ》地方(岩手県奥州《おうしゅう》市付近)を中心としたアテルイが率いる蝦夷の軍を破った。802年，坂上田村麻呂は降伏《こうふく》したアテルイの助命を願い出たが，朝廷は受け入れなかった。

年代暗記　平安京に遷都《せんと》する…泣《7》く《9》よ《4》坊《ぼう》さん平安京

キーワードで攻略

①征夷大将軍《せいいたいしょうぐん》

出る

平安時代初期には，蝦夷《えみし》を平定するために派遣《はけん》された遠征軍の総指揮官《そうしきかん》で，臨時の役職であった。鎌倉幕府を開いた 源 頼朝《みなもとのよりとも》以降《いこう》，武家政権の総大将を表すようになり，その後，室町《むろまち》時代の足利《あしかが》氏，江戸《えど》時代の徳川《とくがわ》氏に受けつがれた。

③平安京

出る 出る 出る

［年代］794年に都を移す

794年，桓武天皇《かんむてんのう》が，現在の京都に移した都を平安京という。以後，江戸時代が終わるまでの約1100年間，日本の都として続いた。

②蝦夷《えみし》

出る

東北地方では，蝦夷とよばれる，言葉や生活習慣の異なる人々が，狩《か》りや農耕中心の生活をしていた。朝廷の支配には抵抗《ていこう》したが，しだいに平定され，朝廷の支配が東北地方にまで広まった。

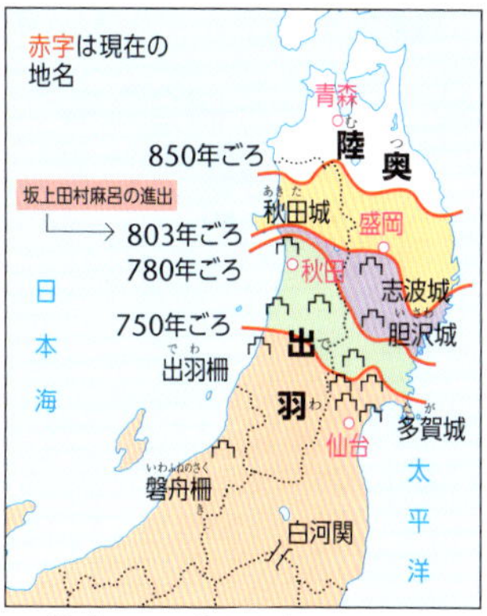

▲ 朝廷による東北地方の支配

◎律令《りつりょう》政治の再建

資料で攻略

桓武天皇は，律令政治を立て直すために，政治に口出しすることの多かった奈良の仏教勢力と手を切って，平安京に都を移した。また，地方政治も乱れていたため，国司《こくし》や郡司《ぐんじ》の監督《かんとく》を強化し，律令制度の立て直しのための規則や官職を設けるなどした。

出題のポイント

桓武天皇が都を移した理由として，仏教勢力からはなれたかったこと，都を移すことで人心を一新して律令政治を再建しようとしたことをおさえておこう。

▲ 平安京（復元模型）　　（京都市歴史資料館）

漢字で攻略

桓武天皇	桓武天皇	
蝦夷	蝦夷	
征夷大将軍	征夷大将軍	

時代 平安《へいあん》時代

名前

最《さい》　澄《ちょう》

生没年 767年～822年　出身地 滋賀県

関連人物

【空海《くうかい》】 リンク 19ページ

最　澄（伝教大師）　（延暦寺）

▶どんな人？

最澄は，東大寺《とうだいじ》で学び，その後比叡《ひえい》山《ざん》（滋賀県・京都府）で12年間にわたって修行《しゅぎょう》した。804年，留学僧として遣唐使《けんとうし》とともに唐《とう》にわたり，天台の教えや禅《ぜん》などを学んで，805年に帰国した。比叡山に**延暦寺**《えんりゃくじ》を開いて，**天台宗**《てんだいしゅう》を広めた出る。このの ち，最澄は**空海**と交流をもつが，宗教観のちがいなどから，数年後，二人は決別した。

▶どんな時代？

794年に，**桓武天皇**《かんむてんのう》が仏教と政治を切りはなすため京都の平安京に都を移し，政治改革を始め，人心を一新して，**律令**《りつりょう》**政治を立て直そう**とつとめていた。このような時期に，**最澄**は**空海**とともに，留学僧として唐にわたって出る新しい仏教を学んだ。

年	人物年表
767年	近江《おうみ》国（滋賀県）で生まれる。
785年	このころ，東大寺で正式な僧になる。出家《しゅっけ》（僧になる）は778年。
	東大寺《とうだいじ》や比叡山で修行する。
804年	留学僧として唐にわたる。
805年	帰国し，**天台宗**を広める。
806年	比叡山の寺で活動を本格化する。
822年	なくなる。
823年	比叡山の寺が**延暦寺**と名づけられる。
866年	朝廷《ちょうてい》から伝教大師《でんぎょうだいし》の名をおくられる。

▲ 比叡山延暦寺根本中堂《こんぽんちゅうどう》（滋賀県）

天台宗と真言《しんごん》宗は，奈良で栄えた仏教（奈良仏教）とは異なり，政治から離れて，山中での修行を重んじ，国家の平安を祈ることを目的としていた。桓武天皇は最澄の天台宗を保護し，嵯峨《さが》天皇は空海が広めた真言宗を保護した。この２つの仏教の新しい宗派は，朝廷や貴族《きぞく》の信仰《しんこう》を集めて広まり，貴族のために，まじないや祈り（加持祈《かじき》禱《とう》）を行った。このような加持祈禱を中心とする仏教を密教とよんでいる。

出る率 15位

時代 平安《へいあん》時代

名前 空海《くうかい》

生没年 774年～835年　出身地 香川県

関連人物

【最澄《さいちょう》】 リンク 18ページ

空　海(弘法大師)（高野山文化財保存会）

▶どんな人？

空海は，804年，留学僧として遣唐使《けんとうし》とともに唐にわたり，密教《みっきょう》などを学んで，806年に帰国。816年，**高野山《こうやさん》(和歌山県)に金剛峯《こんごうぶ》(峰)寺《じ》を開いて真言宗を広めた**出る。823年には，天皇から東寺《とうじ》(教王護国寺《きょうおうごこくじ》)をあたえられ，密教の寺とした。**空海**と最澄は交流があったが，宗教観のちがいなどから，数年後，二人は決別した。

▶どんな時代？

794年に，**桓武天皇《かんむてんのう》**が京都の平安京に都を移し，人心を一新して，**律令《りつりょう》政治を立て直そうと**つとめていた。また，**坂《さかの》上田村麻呂《うえのたむらまろ》**による蝦夷《えみし》平定なども行われて，朝廷の支配が東北地方まで広がった。このような時期に，**空海**と**最澄**は，遣唐使とともに留学僧として唐にわたって出る新しい仏教を学んだ。

年	人物年表
774年	讃岐《さぬき》国(香川県)で生まれる。
797年	出家《しゅっけ》(僧になる)する。
804年	留学僧として唐にわたる。
806年	帰国し，**真言宗**を広める。
816年	高野山金剛峯(峰)寺のもとを開く。
822年	東大寺《とうだいじ》(奈良県)に道場を設立する。
823年	東寺(教王護国寺)を得て，真言密教の道場とする。
827年	大僧都《だいそうず》となる。
835年	なくなる。
921年	朝廷から弘法大師《こうぼうだいし》の名をおくられる。

▲ 高野山金剛峯(峰)寺(和歌山県)（高野山）

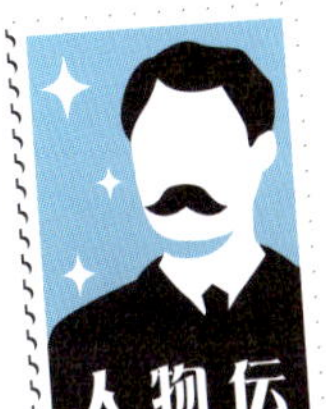

人物伝

空海は，書にたいへんすぐれていて，能書家《のうしょか》(字のたいへん上手な人)として知られていた。このころはまだ国風文化の前の時代で，唐《とう》文化を尊重していたため，唐から伝えられたすぐれた書の影響《えいきょう》をうけて，高度な書道文化が発展した。また，嵯峨天皇《さがてんのう》は，空海に書を学んだ。この時期の能書家として知られた空海・嵯峨天皇・橘逸勢《たちばなのはやなり》を「三筆《さんぴつ》」とよんでいる。

出る率 17位

時代 平安《へいあん》時代

名前

菅原道真《すがわらのみちざね》

生没年 845年～903年 出身地 京都府

菅原道真 (太宰府天満宮)

関連人物・事項

【遣唐使《けんとうし》】630年に第１回の遣唐使が派遣《はけん》された。

【藤原時平《ふじわらのときひら》】平安時代の公卿《くぎょう》・左大臣。菅原道真を大宰府《だざいふ》に左遷《させん》した。
(871年～909年)

▶どんな人？

菅原道真は，平安時代の貴族《きぞく》で，朝《ちょう》廷《てい》の重要な役職の右大臣《うだいじん》にまでのぼった。学問にすぐれ，天皇《てんのう》からはあつい信頼《しんらい》を得ていた。894年，遣唐使に任命されたが，唐のおとろえや航海の危険などを理由に，**遣唐使派遣《はけん》の停止**を朝廷に進言し，認められた。のちに，藤原時平のたくらみによって**大宰府《だざいふ》（福岡県）**に左遷された。

▶どんな時代？

９世紀の終わりごろから10世紀前半には，中国では唐がおとろえ，朝鮮《ちょうせん》半島では**高麗《コリョ》《こうらい》**がおこり，新羅《シルラ》《しらぎ》をほろぼした。日本では，**藤原氏**が他氏の有力者を退《しりぞ》けて勢力を強め，朝廷の政治の中心となっていった。遣唐使の停止後は，唐の文化の影響《えいきょう》がしだいにうすれ，日本風の**国風文化**が栄える時代となっていった。

年	人物年表
845年	現在の京都府で生まれる。
877年	文章博士《もんじょうはくし》(文章道を教える教官)となる。
886年	讃岐国《さぬきの》(香川《かがわ》県)の国司《こくし》に任命される。
891年	都にもどる。
894年	**遣唐使の停止を朝廷に進言**し，認められる。
899年	右大臣となる。
901年	大宰府に左遷される。
903年	なくなる。

福岡県太宰府《だざいふ》市は，梅《うめ》の花で有名である。これは，菅原道真が京都から大宰府に左遷されるときに，屋敷《やしき》の梅に向かって，「東風《こち》吹かば　においおこせよ　梅の花　主《あるじ》なしとて　春な忘れそ(主人がいなくても，春がきたら忘れずに花を咲かせなさい。)」とうたったことから，この梅の花が，のちに道真をしたって大宰府まで飛んでいったといわれる。現在，福岡県の太宰府天満宮《てんまんぐう》にあるこの梅は「飛梅《とびうめ》」とよばれている。

年代暗記　遣唐使《けんとうし》を停止する…白紙《８９４》にかえす遣唐使

時代 平安《へいあん》時代

名前

平《たいらの》 将門《まさかど》

生没年 ？～940年

出身地 茨城県

関連人物

【平貞盛《さだもり》】(生没年不詳) 藤原秀郷《ふじわらのひでさと》とともに平将門を破る。

【藤原純友《ふじわらのすみとも》】(？～941年) 平安時代中期の貴族《きぞく》。瀬戸内海の海賊《かいぞく》と結び反乱をおこした。

平 将門 (神田明神)

▶どんな人？

関東に本拠地《ほんきょち》をもつ武将。都(京都)に出て藤原氏に仕えたが，望みの官職を得られず関東に帰った。以後，一族との争いが絶《た》えず，ある争いをきっかけに，関東の朝廷《ちょうてい》の役所(国府《こくふ》)をおそった。この後，関東各地で戦い，みずから新皇《しんのう》(新しい天皇)と名のって，朝廷側と対立した(**平将門の乱**)出る。940年，平貞盛らとの戦いで敗れて戦死した。

▶どんな時代？

国司《こくし》の不正な税の取り立てや，豪族《ごうぞく》どうしの争いなどで地方の政治が乱れていた。地方の武士は，国の役所の警備をする武士と結びついたり，土着の貴族《きぞく》と主従関係を結んだりして**武士団**を形成出るしていった。やがて貴族は，**平将門の乱**や**藤原純友の乱**を武士がしずめたことで，武士の実力を認める出るようになった。

年	人物年表
	生まれた年は不明。
935年	この年から翌年にかけて，父の残した領土をめぐって，一族で争いがおこり，おじの平国香《くにか》などと戦う。
939年	関東の豪族間の争いを調停しようとしたがうまくいかず，関東一帯を占領《せんりょう》しようとする。
	関東地方を支配して，自ら**新皇**と名のり，家来を国司に任命した。
940年	地方武士の平貞盛と藤原秀郷《ひでさと》に攻められ，戦死する。

人物伝

「平将門の乱で戦死した将門の首は京都に運ばれ，さらし首となったが，この首が関東をめざして飛び立ち，とちゅうで力つきて地上に落下した」という伝説がある。この落下したとされる場所は，さまざまだが，よく知られているのは東京都千代田《ちよだ》区の大手《おおて》町で，現在ビルの谷間に平将門の首塚《くびづか》がある。この首塚を移転しようとする計画がもちあがると事故がおこる，といううわさもある。

年代暗記 平将門《たいらのまさかど》の乱がおこる…草ご《935》と平らげ平将門

出る率 16位

時代　平安時代《へいあん》

名前　ふじわらのみちなが

藤原道長

生没年　966年～1027年　出身地　京都府

関連人物

【藤原頼通《ふじわらのよりみち》】 リンク 24ページ

【中臣鎌足《なかとみのかまたり》】 リンク 10ページ

藤原道長　（藤田美術館）

▶どんな人？

藤原氏は，**大化《たいか》の改新《かいしん》**で活やくした**中臣鎌足**（のちの藤原鎌足）の子孫《しそん》で，9世紀ごろから対抗《たいこう》する貴族《きぞく》を退《しりぞ》けて勢力をのばした。**藤原道長**は，自分の娘を次々に天皇《てんのう》のきさきにして，その皇子《おうじ》を天皇に立てて外戚《がいせき》（母方の祖父《そふ》）となり，天皇が幼いときは摂政《せっしょう》として政治を行った。11世紀前半，息子の**藤原頼通**とともに**摂関《せっかん》政治の全盛期**を築いた出る。

▶どんな時代？

藤原氏は，伴《とも》氏が謀反《むほん》を企《くわだ》てたとして隠岐《おき》（島根県）に流し（承和《じょうわ》の変《へん》），放火事件を利用して伴氏と紀《き》氏を政界から追放し（応天門《おうてんもん》の変），菅原道真《すがわらのみちざね》を大宰府《だざいふ》に追いやるなど，有力者を退けて政治の実権をにぎり，摂政・関白《かんぱく》を独占した出る。

この時代は，かな文字が普及し，宮中につかえる女性がすぐれた作品を著《あらわ》すなど，**国風文化**が栄えた出る。

年	人物年表
966年	藤原兼家《かねいえ》の子として生まれる。
995年	藤原氏の長として政治の実権をにぎる。
999年	このころから，娘を天皇のきさきとし，皇子が誕生して天皇に即位《そくい》すると，
	天皇の外戚（母方の祖父）となって権力をもった。
1016年	**摂政**となる。
1017年	摂政の職を子の**藤原頼通**にゆずり，太政大臣《だいじょうだいじん》となる。
1018年	三女の威子《いし》が天皇のきさきになる。
1027年	なくなる。

摂政として権力をにぎった藤原道長は，長女・次女を天皇《てんのう》のきさきにし，その後，三女も天皇のきさきになることが決まった。貴族たちが開いたお祝《いわ》いの席で道長は，「自慢《じまん》するわけではないが」と断りながら，「この世をば　わが世とぞ思ふ《う》　望月の　欠けたることも　なしと思へ《え》ば」（望月の歌）とよんだ。「この世の中は自分のためにあり，思うようにならないものはない」という満足した気持ちをうたったものだった。

年代暗記　藤原道長《ふじわらのみちなが》が摂政《せっしょう》になる…日《1》の丸《0》ひ《1》ろ《6》げて摂政道長

キーワードで攻略

①摂《せっ》　政《しょう》

出る 出る 出る

天皇《てんのう》が幼くして即位《そくい》した場合，天皇に代わって政治を行う役職である。皇族《こうぞく》以外では，866年に，藤《ふじ》原良房《わらのよしふさ》が清和《せいわ》天皇の摂政に初めて任命された。

②関《かん》　白《ぱく》

出る 出る 出る

天皇の成人後，天皇を助けて政治を行う役職。皇族以外では，887年に，藤原基経《もとつね》が宇多《うだ》天皇の関白になったことが始まりである。

③摂関政治《せっかんせいじ》

出る 出る 出る

藤原氏と対立する有力な貴族を退け，藤原氏が摂政・関白の職を独占《どくせん》して行った政治を摂関政治という。摂関政治は，1016年に摂政に就任《しゅうにん》した藤原道《みち》長《なが》とその子の藤原頼通《よりみち》のときに全盛となった。

朝廷の公卿《くぎょう》を独占する藤原氏▶

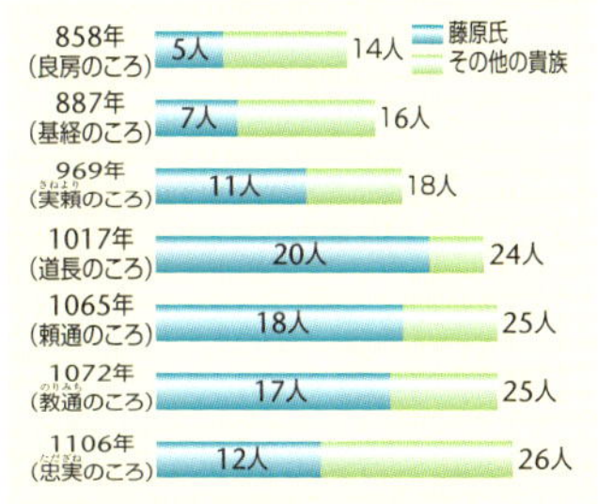

◎貴族《きぞく》のくらし

資料で攻略

右の写真は，平安時代の貴族の屋敷《やしき》で，寝殿造《しんでんづくり》という建築様式で建てられている。ここで貴族は，和歌をよみ，けまり・音楽・花見・月見などを楽しんだ。はなやかなくらしをして，政治をあまりかえりみなくなった。

出題のポイント

寝殿造は，自然の美しさをとり入れた日本風の邸宅《ていたく》であることを覚えておこう。貴族に関しては，男子の服装として衣冠《いかん》・束帯《そくたい》，女子の服装では十二単《じゅうにひとえ》もおさえておこう。

▲ 貴族の屋敷（寝殿造ー復元模型）　（京都文化博物館）

漢字で攻略

藤原道長	藤原道長	
藤原頼通	藤原頼通	
摂関政治	摂関政治	

問題　別冊《べっさつ》2ページ[1]，4ページ[3]

時代　平安《へいあん》時代

名前　藤原頼通《ふじわらのよりみち》

藤原頼通

生没年　992年～1074年　出身地　京都府

関連人物

【藤原道長《みちなが》】 リンク 22ページ

藤原頼通

▶どんな人？

藤原道長の長男として生まれた**藤原頼通**は，26歳で父から**摂政《せっしょう》**の職をゆずられ，28歳で**関白《かんぱく》**となって，父とともに**摂関《せっかん》政治の全盛期**を築いた。1061年に太政大臣《だいじょうだいじん》となった。1053年には，平安時代の代表的な阿弥陀堂《あみだどう》建築である**平等院鳳凰堂《びょうどういんほうおうどう》**を建立《こんりゅう》した。

▶どんな時代？

藤原氏が**朝廷《ちょうてい》の高位高官を独占《どくせん》**して摂関政治を行うようになると，天皇《てんのう》の命令も藤原氏が代わって出すなど，藤原氏の思いのままに政治を進められた。しかし，藤原氏は**地方政治をほとんどかえりみず**，国司《こくし》にまかせきりにしていたため，国司の中には農民などに重い税を課したり，土地を取り上げたりして富をたくわえようとする者も現れた。

年	人物年表
992年	**藤原道長**の子として生まれる。
1017年	藤原道長に**摂政**の職をゆずられる。
1019年	**関白**となる。
1053年	**平等院鳳凰堂**を建立する。
1061年	太政大臣となる。
1067年	関白をやめる。
1072年	出家(僧となる)する。
1074年	なくなる。

▲ 平等院鳳凰堂(京都府宇治市)　(平等院)

人物伝

10世紀の中ごろから，病気やききんなどの社会不安の広がりや，末法《まっぽう》思想(仏法がおとろえて世の中が乱れるという考え)が流行した。そのようななか，念仏を唱えて阿弥陀仏《あみだぶつ》にすがり，死後に極楽浄土《ごくらくじょうど》に生まれ変わることを願う浄土信仰《じょうどしんこう》を説く僧が現れて，多くの人々に受け入れられた。貴族《きぞく》や豪族《ごうぞく》らは，この世に極楽浄土を築こうとして，平等院鳳凰堂や中尊寺金色堂《ちゅうそんじこんじきどう》(岩手県平泉《ひらいずみ》町)などの阿弥陀堂を建てた。

時代　平安時代《へいあん》

名前

清少納言《せいしょうなごん》

生没年　10世紀後半～11世紀前半　出身地　京都府

関連人物

【紫式部《むらさきしきぶ》】 リンク 26ページ

【紀貫之《きのつらゆき》】『古今和歌集《こきんわかしゅう》』を編集し，『土佐日記《とさにっき》』を著《あらわ》す。
（？～945年？）

清少納言

▶どんな人？

清少納言は，貴族《きぞく》の清原《きよはら》家の娘で，平安時代の歌人で随筆《ずいひつ》家である。幼いころから学問にすぐれていたといわれている。一条天皇《いちじょうてんのう》のきさきの定子《ていし》（関白《かんぱく》となった藤原道隆《ふじわらのみちたか》の娘）に教育係として仕えた。宮中の生活や自然の移り変わりなどをすぐれた感性と批判の目でえがいた随筆，『**枕草子**《まくらのそうし》』を著した出る。

▶どんな時代？

藤原氏による摂関《せっかん》政治の全盛期のころには，唐《とう》の文化を消化して，日本の風土や人々のくらしにあった，優美《ゆうび》で細やかな文化が発達した。これを**国風文化**《こくふう》という出る。この国風文化では，おもに女性の間に**かな文字**（漢字をくずしたひらがなと，漢字の一部をとったカタカナ）が広まり，**清少納言**や**紫式部**などの女流文学者が現れた出る。

年	人物年表
10世紀後半	歌人（和歌をつくる学者）清原元輔《きよはらのもとすけ》の娘として生まれる。
981年	このころ結婚《けっこん》する。
993年	一条天皇のきさきの定子に仕える。
10世紀末	このころ，『枕草子』を著す。
1000年	定子がなくなり，宮中を退く。
11世紀前半	なくなる。

▲ かな文字の発達

平安時代の初めごろからかな文字が普及《ふきゅう》し，宮中の女性の間で使われるようになった。それまでは漢文《かんぶん》が中心だったため，読み書きがたいへんだった。漢字をくずしたひらがなや漢字のへんやつくりを使ったカタカナがつくられるようになると，かな文字で思想や感情を自由に表現できるようになり，紫式部が『源氏物語』を，清少納言が『枕草子』を著すなど，すぐれた文学作品が生まれた。

時代　平安《へいあん》時代

名前

紫《むらさき》式部《しきぶ》

生没年　978年？～1014年？　出身地　京都府

関連人物

【藤原道長《ふじわらのみちなが》】リンク 22ページ

【清少納言《せいしょうなごん》】リンク 25ページ

紫式部　（石山寺）

▶どんな人？

紫式部は，代々すぐれた歌人として知られていた家系に生まれた。紫式部もはやくから学問の才能の豊かな人物だった。夫の死後，**『源氏物語《げんじものがたり》』**を著《あらわ》し，**藤原道長**にその才能を認められ，天皇《てんのう》のきさきの彰子《しょうし》(藤原道長の娘《むすめ》)に仕えた。紫式部が清少納言に対して激《はげ》しい対抗心《たいこうしん》をもっていたことはよく知られている。

▶どんな時代？

11世紀初めのころは**摂関《せっかん》政治**の全盛期で，**藤原氏**が摂政《せっしょう》・関白《かんぱく》を独占して政治を行っていた。遣唐使《けんとうし》の派遣《はけん》が停止され，日本の風土や人々のくらしに合った優美で細やかな文化(**国風《こくふう》文化**)が栄え，**かな文字**が発達し，**紫式部**・**清少納言**・和泉《いずみ》式部などの女流文学者が活やくしていた。

年	人物年表
978年	このころ，藤原為時《ふじわらのためとき》の娘として生まれる。
	幼いころから豊かな文学的才能を発揮《はっき》したといわれる。
999年	このころ，結婚《けっこん》する。
1001年	夫がなくなる。
	このころ，**『源氏物語』**の執筆を始める。
1005年	天皇のきさきの彰子に仕える。
1014年	このころ，なくなる。

▲ 源氏物語絵巻　（五島美術館）

『源氏物語』は紫式部によって書かれた世界最古の長編小説で，日本文学史上の傑作《けっさく》とされている。平安時代中期(10世紀ごろ)の京の都を舞台に，天皇の子として生まれた主人公・光源氏《ひかるげんじ》のはなやかなくらしと人生の苦のう，そして子孫の人生がえがかれている。『源氏物語』は文学に限らず，絵巻物(「源氏物語絵巻」)など他の分野にも大きな影響《えいきょう》をあたえている。また，英語やフランス語などに訳されて世界にも紹介《しょうかい》されている。

時代 平安《へいあん》時代

名前

白河上皇《しらかわじょうこう》

生没年 1053年～1129年　出身地 京都府

関連事項

【僧兵《そうへい》】興福寺《こうふくじ》や延暦寺《えんりゃくじ》などがおいた武装した僧。白河上皇はとくに延暦寺の僧兵の強訴《ごうそ》になやまされた。

白河上皇

▶どんな人？

白河天皇《てんのう》は，1086年に天皇の位をゆずって上皇（退位した天皇）となり，摂政《せっしょう》や関白《かんぱく》の力をおさえて上皇の御所《ごしょ》である**院**で政治を行った。上皇やその住まいを院といったので，この政治を**院政《いんせい》**という出る。**白河上皇**の院政は，堀河《ほりかわ》・鳥羽《とば》・崇徳《すとく》の3代の天皇の約43年間続いた。院政はその後，実質的には約100年も続いた。

▶どんな時代？

11世紀の中ごろ，藤原《ふじわら》氏との関係がうすい後三条《ごさんじょう》天皇（白河上皇の父）が即位《そくい》した。天皇は，藤原氏の力をおさえようとして，自ら政治を行って荘園《しょうえん》を整理するなどの政策を行った。このため，しだいに藤原氏の勢力がおとろえ，**摂関《せっかん》政治**も終わりをむかえた。1086年に，**白河上皇が院政を始めた**出る。

年	人物年表
1053年	後三条天皇の子として生まれる。
1069年	皇太子《こうたいし》となる。
1072年	天皇に即位する。
1086年	天皇の位をゆずって**上皇**となり，**院政**を始める。
1096年	出家《しゅっけ》（僧となる）して法皇《ほうおう》となる。
1129年	なくなる。

▲ 白河上皇をなやませた僧兵

（東京国立博物館）

1086年に院政を始め，強い権力をにぎった白河上皇であったが，思い通りにならないものが3つあったといわれている。その1つは洪水《こうずい》をおこす賀茂《かも》川の水，2つめは，すごろくで使うさいころの目，そして3つめは山法師《やまほうし》だとしている。山法師とは，延暦寺《えんりゃくじ》の僧兵である。延暦寺などの大寺院は，他の寺院との争いに備えて下級の僧に武装させ，しばしば院や朝廷《ちょうてい》に対して強訴《ごうそ》をくわだてた。

年代暗記　院政を始める…入《1》れ《0》てや《8》ろ《6》うか白河《しらかわ》院政

出る率 7位

時代 平安《へいあん》時代

名前

平《たいらの》 清盛《きよもり》

生没年 1118年～1181年 出身地 京都府

関連人物

【源義朝《みなもとのよしとも》】平治《へいじ》の乱で平清盛に敗れる。
(1123年～1160年)

【源頼朝《よりとも》】リンク 32ページ

平 清盛 (六波羅密寺)

▶どんな人?

平清盛は，1156年の**保元《ほうげん》の乱**に勝って中央政界に進出し，1159年の**平治の乱**で源義朝を破って勢力をのばした。1167年には，武士として初めて**太政大臣《だいじょうだいじん》**となり，貴族《きぞく》に代わって政権をにぎった出る。その後，藤原《ふじわら》氏と同様に天皇《てんのう》の外戚《がいせき》(母方の祖父)となり，平氏《へいし》一門の者を高位高官につけた。また，大輪田泊《おおわだのとまり》(現在の神戸《こうべ》港)を修築し，**日宋《にっそう》貿易**を行った出る。

▶どんな時代?

1156年，上皇《じょうこう》と天皇の対立に，藤原氏の内部での対立がからんで，武士をまきこんで**保元の乱**がおこった。1159年には，貴族の争いに**平清盛**と**源義朝**の対立がからんで，**平治の乱**がおこった出る。これらの戦いを通して，上皇と藤原氏の勢いがおとろえ，さらに，源氏との対立に勝った平氏が全盛期をむかえることになった。

年	人物年表
1118年	平忠盛《ただもり》の子として生まれる(白河《しらかわ》上皇の子とする説もある)。
1146年	安芸国《あきのくに》(広島県)の国司《こくし》となる。
	これを機に，**厳島神社《いつくしま》**を信仰《しんこう》するようになる。
1153年	父が死に，平氏の棟梁《とうりょう》(かしら)となる。
1156年	**保元の乱**に勝つ。
1159年	**平治の乱**で，**源義朝**を破る。
1167年	**太政大臣**となる。
	このころ，**日宋貿易**をすすめる。
1181年	なくなる。

▲ 厳島神社(広島県ー世界遺産)

厳島神社は，現在の広島県廿日市《はつかいち》市宮島《みやじま》町にあり，平清盛が安芸守《あきのかみ》(現在の広島県の国司《こくし》)に就任《しゅうにん》したとき，平氏一門の守り神(氏神《うじがみ》)としたことから，こののち，平氏一門の崇敬《すうけい》を集めた。おもに航海の安全を守る神として信仰され，平氏一門の繁栄《はんえい》を祈って，「平家納経《へいけのうきょう》」が納められた。1996年には，ユネスコ(国連教育科学文化機関)の世界文化遺産に登録された。

年代暗記 平清盛が太政大臣になる…統一むな《1167》し清盛の政治

キーワードで攻略

①保元《ほうげん》の乱

出る

[年代] 1156年

1156年に，上皇《じょうこう》と天皇《てんのう》の対立に，藤原《ふじわら》氏の内部での対立がからんで，武士をまきこんでおこった。この戦いで，平清盛《たいらのきよもり》と源 義朝《みなもとのよしとも》が勢力をのばした。

②平治《へいじ》の乱

出る 出る 出る

[年代] 1159年

1159年に，貴族《きぞく》の争いに平清盛と源義朝の対立がからんで，平治の乱がおこった。この戦いで平清盛が勝ち，源氏《げんじ》の勢力はおとろえた。このの ち，平《へい》氏《し》は勢力を強め，やがて全盛期をむかえることになる。

③太政大臣《だいじょうだいじん》

出る

[年代] 1167年，平清盛が就任《しゅうにん》

律令《りつりょう》制における太政官の長官で，いつも置かれたわけではなく適任者がなければ欠員とされた。藤原《ふじわらの》道長《みちなが》や藤原頼通《よりみち》，平清盛などが太政大臣となった。太政大臣は特に実権はなく，朝廷《ちょうてい》で権力を示すための名誉《めいよ》職的な存在だった。

④大輪田泊《おおわだのとまり》

出る 出る

現在の神戸港のもとになった港で，平清盛が修築して日宋《にっそう》貿易を行った。日本は，宋銭・絹織物・陶磁《とうじ》器《き》などを輸入し，硫黄《いおう》・刀剣《とうけん》・漆器《しっき》などを輸出した。

資料で攻略

◎壇ノ浦《だんのうら》の戦い

源氏が平氏打倒《だとう》の兵をあげ，平清盛は平氏の将来を心配しながらなくなった。その後，源氏は各地で平氏の軍を攻《せ》め，この壇ノ浦の戦いで源義経《よしつね》らによって平氏は滅亡《めつぼう》した。

出題のポイント

右の資料の戦いの名称とともに，源氏と平氏の対立の経過をおさえておこう。また，全盛期の平氏は貴族《きぞく》のような政治をしていた。「平氏でなければ人ではない」などのことばから平氏とその時代のようすを推測してみよう。

▲ 壇ノ浦の戦い（山口県）　（赤間神社）

漢字で攻略

平清盛	平清盛	
太政大臣	太政大臣	
日宋貿易	日宋貿易	

問題 別冊《べっさつ》2ページ1，3ページ2，4ページ3，13ページ11

✔ ここだけチェック！ 重要年表

★弥生時代～平安時代

人物	年代	できごと
卑弥呼《ひみこ》	239年	魏《ぎ》に使者を送る
聖徳太子《しょうとくたいし》	593年	**推古天皇《すいこてんのう》**の摂政《せっしょう》になる
	603年	冠位十二階《かんいじゅうにかい》を定める
	604年	十七条《じゅうしちじょう》の憲法《けんぽう》を定める
	607年	**小野妹子《おののいもこ》**らを遣隋使《けんずいし》として派遣する
	〃	法隆寺《ほうりゅうじ》を建てる
中大兄皇子《なかのおおえのおうじ》	645年	**中臣鎌足《なかとみのかまたり》**らと協力して，大化《たいか》の改新《かいしん》をすすめる
	701年	大宝律令《たいほうりつりょう》が制定される
	710年	都が平城京《へいじょうきょう》に移る
聖武天皇《しょうむてんのう》	743年	墾田永年私財法《こんでんえいねんしざいのほう》，東大寺《とうだいじ》の大仏造立《ぞうりゅう》の詔《みことのり》を出す
行《ぎょう》　基《き》		→このころ，**聖武天皇**から東大寺の大仏造立への協力を要請《ようせい》される
	752年	東大寺の大仏が完成する
鑑《がん》　真《じん》	759年	唐招提寺《とうしょうだいじ》を建てる
桓武天皇《かんむてんのう》	794年	平安京《へいあんきょう》に都を移す
最《さい》　澄《ちょう》	805年	唐《とう》から帰国し，天台宗《てんだいしゅう》を広める
空《くう》　海《かい》	806年	唐から帰国し，真言宗《しんごんしゅう》を広める
菅原道真《すがわらのみちざね》	894年	遣唐使《けんとうし》の停止《ていし》を進言し，認《みと》められる
平将門《たいらのまさかど》	935年	平将門《たいらのまさかど》の乱をおこす
	939年	**藤原純友《ふじわらのすみとも》**の乱がおこる
清少納言《せいしょうなごん》	10世紀末	このころ，『枕草子《まくらのそうし》』を著《あらわ》す
紫式部《むらさきしきぶ》	11世紀初め	このころ，『源氏物語《げんじものがたり》』を著す
藤原道長《ふじわらのみちなが》	1016年	摂政になる
藤原頼通《ふじわらのよりみち》	1053年	平等院鳳凰堂《びょうどういんほうおうどう》を建てる
白河上皇《しらかわじょうこう》	1086年	天皇の位をゆずって上皇《じょうこう》となり院政《いんせい》を始める
平清盛《たいらのきよもり》	1156年	保元《ほうげん》の乱で勝つ
	1159年	平治《へいじ》の乱で**源義朝《みなもとのよしとも》**を破る
	1167年	武士として初めて太政大臣《だいじょうだいじん》となる

鎌倉《かまくら》時代～室町《むろまち》時代

▶中世の日本

★この章の人物

鎌倉時代

◎ 源頼朝《みなもとのよりとも》【第6位】

◎ 後鳥羽上皇《ごとばじょうこう》【第13位】

◎ 北条政子《ほうじょうまさこ》

◎ 親鸞《しんらん》

◎ 北条泰時《ほうじょうやすとき》

◎ 北条時宗《ほうじょうときむね》

室町時代

◎ 足利尊氏《あしかがたかうじ》

◎ 足利義満《あしかがよしみつ》【第10位】

◎ 足利義政《あしかがよしまさ》

◎ 雪舟《せっしゅう》

南北朝時代

◎ 後醍醐天皇《ごだいごてんのう》

出る率 6位

時代　鎌倉《かまくら》時代

名前

源 頼朝《みなもとのよりとも》

生没年　1147年～1199年　出身地　愛知県？

関連人物

【源義朝《よしとも》】リンク 28ページ
（1123年～1160年）

【北条政子《ほうじょうまさこ》】リンク 35ページ

源 頼朝（伝）　（神護寺）

▶どんな人？

1185年に，**壇ノ浦の戦い**《だんのうら》で弟の**源義《よし》経《つね》**らに平氏《へいし》をほろぼさせた**源頼朝**は**鎌倉**で武家政治を始め，全国に**守護《しゅご》・地《じ》頭《とう》を設置**することを朝廷《ちょうてい》に認めさせ，**1192年には征夷大将軍《せいいたいしょうぐん》に任命された**。この武家の政府を**鎌倉幕府《ばくふ》**という。将軍と主従関係を結んだ**御家人《ごけにん》**とは，**御《ご》恩《おん》**と**奉公《ほうこう》**の関係で結ばれていた。このしくみを**封建《ほうけん》制度**という。

▶どんな時代？

栄華《えいが》をほこる平氏に対し，1180年，**源《げん》氏《じ》**が平氏打倒《だとう》に立ち上がった。**源頼朝**は鎌倉（神奈川県）を本拠地《ほんきょち》にして勢力を広げ，平氏との戦いをすすめた。源義経らが一ノ谷《いちのたに》（兵庫県）・屋島《やしま》（香川県）の戦いで平氏を破り，1185年，**壇ノ浦**（山口県）**の戦いで平氏をほろぼした**。政権をにぎった**源頼朝は，鎌倉幕府を開き**，武家政治をすすめていった。

年	人物年表
1147年	源義朝《みなもとのよしとも》の子として，愛知県で生まれる。
1159年	**平治の乱**に出陣《しゅつじん》し，平氏にとらえられて伊豆《いず》（静岡県）に流される。
1180年	平氏打倒の兵をあげる。
1184年	源義仲《よしなか》をほろぼす。
1185年	**壇ノ浦の戦いで平氏をほろぼし，守護・地頭の設置**を朝廷に認めさせる。
1189年	奥州藤原《おうしゅうふじわら》氏をほろぼす。
1192年	**征夷大将軍**に任命される。
1199年	なくなる。

人物伝

源頼朝が開いた鎌倉幕府だが，その成立時期については多くの説がある。(1)頼朝が東国の支配を認められた1183年，(2)幕府の機関の公文所《くもんじょ》・問注所《もんちゅうじょ》が置かれた1184年，(3)守護・地頭の設置が認められた1185年，(4)頼朝が征夷大将軍に任じられた1192年などだ。武家政権の実質ができた時期をどの時点と考えるかでちがいが出てくるのだが，研究者の間では(3)の1185年とする説が有力だ。

年代暗記　源頼朝が征夷大将軍になる…いい国《1192》鎌倉（頼朝）大将軍

キーワードで攻略

①守護《しゅご》・地頭《じとう》 出る 出る 出る

[年代] 1185年，源《みなもとの》頼朝《よりとも》が設置

守護…国ごとに設置し，御家人《ごけにん》の監督《かんとく》や軍事，警察などの仕事にあたった。

地頭…荘園《しょうえん》や国司《こくし》の支配地である公領などに設置し，年貢《ねんぐ》の取り立てなどにあたった。

②封建社会《ほうけんしゃかい》 出る

封建制度がしかれた社会を封建社会という。土地を仲立ちに主従関係が結ばれていた。武士が農民を支配した封建社会は，鎌倉《かまくら》時代から江戸《えど》時代末まで約700年間続いた。

③御恩《ごおん》と奉公《ほうこう》 出る 出る 出る

将軍《しょうぐん》と御家人は，土地を仲立ちにして御恩と奉公の関係で結ばれていた。

御恩…将軍が御家人の先祖伝来の領地《りょうち》を認め，功績《こうせき》があると，新しい土地をあたえた。

奉公…御家人が将軍に忠誠《ちゅうせい》をつくし，鎌倉や京都の警備にあたり，戦いのときは家来を率いて出陣《しゅつじん》した。

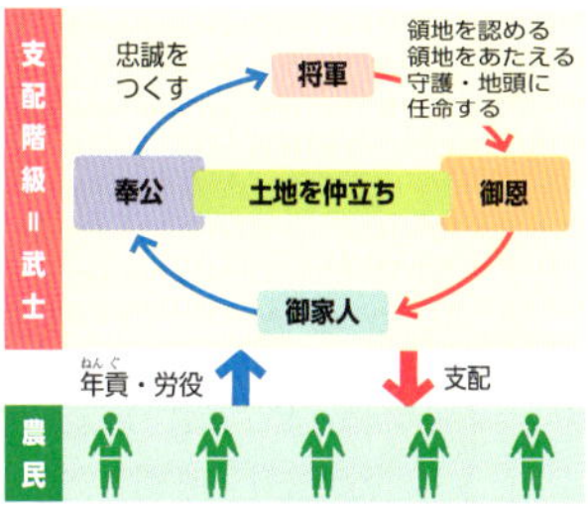

御恩と奉公の関係▶

資料で攻略

◎武士の館

鎌倉時代の武士は，荘官《しょうかん》や地頭となって農民を支配した名主《みょうしゅ》で，ふだんは領地で農業を営み，下人《げにん》(名主につかえる召使《めしつかい》)や農民に耕作させていた。武士の館は，簡素《かんそ》で実用的な屋敷で，周囲には防御《ぼうぎょ》のために堀《ほり》や土塁《どるい》などをめぐらした。

出題のポイント

鎌倉時代の武士は，ふだんは領地で農業を営み，武芸をみがいていたが，戦いがおこると「いざ鎌倉」と家来を率いて出陣《しゅつじん》したということをおさえておこう。

▲武士の館(模型)　(国立歴史民俗博物館)

漢字で攻略

源頼朝	源頼朝	
守護・地頭	守護・地頭	
鎌倉幕府	鎌倉幕府	

問題 別冊《べっさつ》2ページ[1]

出る率 13位

時代 鎌倉《かまくら》時代

名前 ごとばじょうこう

後鳥羽上皇

生没年 1180年～1239年 出身地 京都府

関連人物

【北条政子《ほうじょうまさこ》】 リンク 35ページ

後鳥羽上皇 （水無瀬神宮）

▶どんな人？

後鳥羽上皇は，1198年に，土御門天皇《つちみかどてんのう》に位をゆずって上皇となり，**院政《いんせい》**を始めた。源氏《げんじ》の将軍《しょうぐん》が３代で絶えると，政権を朝廷《ちょうてい》に取りもどそうとして，**1221年**，執権《しっけん》北条義時追討《よしときついとう》の命令を出して倒幕《とうばく》の兵をあげたが，幕府《ばくふ》の大軍に敗れた（**承久《じょうきゅう》の乱**）出る。この結果，後鳥羽上皇は隠岐《おき》（島根県）に流された。

▶どんな時代？

源頼朝《みなもとのよりとも》の死後，頼家《よりいえ》・実朝《さねとも》の２人の将軍は北条《ほうじょう》氏のはかりごとなどで殺され，源氏《げんじ》の将軍は３代で絶えた。こののち，幕府の実権は頼朝の妻**北条政子**とその実家の**北条氏**に移った出る。承久の乱ののち，京都には朝廷の監視《かんし》などのために**六波羅探題《ろくはらたんだい》**が設置された。

年	人物年表
1180年	高倉天皇《たかくらてんのう》の皇子として生まれる。
1183年	天皇に即位《そくい》する。
1198年	天皇の位をゆずって上皇となり，**院政**を始める。
1201年	藤原定家《ふじわらのさだいえ》《ていか》らに『新古今和歌集《しんこきんわかしゅう》』の編集を命じる（完成は1205年）。
1221年	**承久の乱**をおこす。 承久の乱に敗れ，隠岐（島根県）に流される。
1239年	隠岐（島根県）でなくなる。

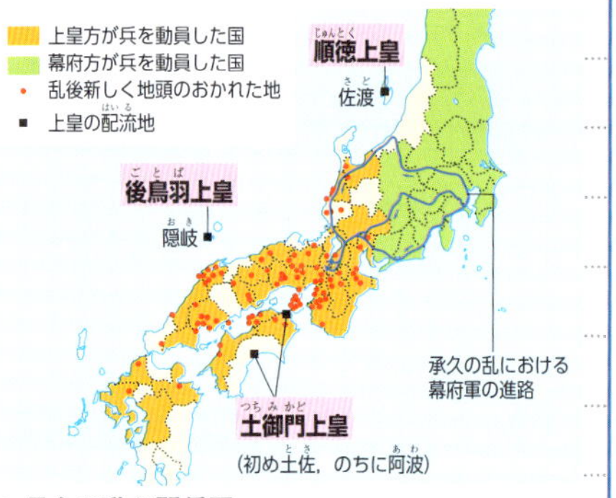

▲ 承久の乱の関係図

承久の乱の結果，後鳥羽上皇は隠岐に流され，倒幕計画の中心になった貴族《きぞく》や武士は死罪，朝廷方の貴族・武士の土地は没収《ぼっしゅう》され，功績のあった東国の御家人《ごけにん》を新たにそれらの土地の地頭《じとう》に任命した。また，幕府は，朝廷の監視や西国《さいごく》の武士の支配のために，京都に六波羅探題を設置した。これによって朝廷の力がおとろえ，幕府の勢力が西国（西日本）にも広がった。

年代暗記 承久の乱がおこる…人《1》に《2》不《2》意《1》うち承久の乱

時代 鎌倉《かまくら》時代

名前

北条政子《ほうじょうまさこ》

生没年 1157年～1225年　出身地 静岡県

関連人物

【源頼朝《みなもとのよりとも》】 リンク 32ページ

【後鳥羽上皇《ごとばじょうこう》】 リンク 34ページ

北条政子　(安養院)

▶どんな人?

北条政子は**源頼朝**の妻で，２代将軍《しょうぐん》頼家《よりいえ》と３代将軍実朝《さねとも》の母。頼朝の死後，出家《しゅっけ》したが，息子の頼家･実朝の死後は，父の北条時政《ときまさ》や弟の義時《よしとき》らと，**幕府《ばくふ》の政治の主導権をにぎった**。出家して尼《あま》になっていたので，**尼将軍《あま》**とよばれた。1221年に**承久の乱《じょうきゅう》**がおこる出ると，御家《ごけ》人《にん》に，結束《けっそく》して京都に攻《せ》め上ることをよびかけた。

▶どんな時代?

源頼朝が**鎌倉幕府**を開いたのち，源《げん》氏《じ》の将軍は３代でとだえた。以後，北条氏が**執権《しっけん》**となって幕府の実権をにぎり，頼朝の妻北条政子はその中心となっていった。1221年，**承久の乱**で朝廷《ちょうてい》を破った幕府は，**六波羅探題《ろくはらたんだい》**を設置して朝廷の監視と西国《さいごく》武士の支配にあたらせた出る。こうして幕府の力は全国に広がっていった。

年	人物年表
1157年	伊豆国(静岡県)の豪族《ごうぞく》，北条時政《ときまさ》の娘として生まれる。
1177年	**源頼朝**と結婚する。
	やがて，源頼家･実朝の母となる。
1199年	源頼朝の死で，出家《しゅっけ》する(尼となる)。
1205年	北条時政を引退させて，弟の北条義時を執権にして幕府の実権をにぎる。
1221年	**承久の乱**がおこる。
	御家人に頼朝の御恩《ごおん》をうったえ，朝廷方と戦うことを求める。
1225年	なくなる。

1221年に承久の乱がおこると，北条政子は朝廷の挙兵にとまどう御家人に対し，「みなの者，心をひとつにして聞きなさい。頼朝公が鎌倉幕府を開いて以来，みなが得た官職や土地など，その御恩《ごおん》は山よりも高く，海よりも深いものです。みながそれに報《むく》いたいという気持ちが浅いはずはありません。名誉《めいよ》を重んじる者は，早く敵《てき》をうちとり，幕府を守りなさい。(『吾妻鏡《あづまかがみ》』一部要約)」とうったえた。

時　代　鎌倉《かまくら》時代

名　前

親《しん》　鸞《らん》

生没年　1173年～1262年　出身地　京都府

関連人物

【法然《ほうねん》】浄土宗《じょうどしゅう》を開く。親鸞を弟子とする。
（1133年～1212年）

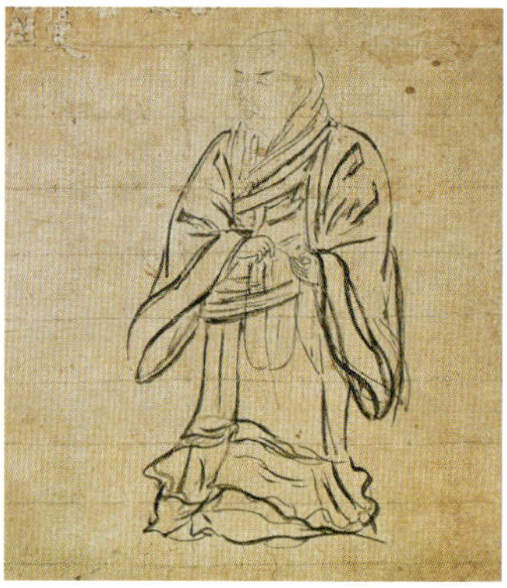

親　鸞　（西本願寺）

▶どんな人？

親鸞は，比叡山延暦寺《ひえいざんえんりゃくじ》で学んだのち，**法然**の弟子になった。阿弥陀仏《あみだぶつ》の救いを信じて念仏せよと説いた法然の**浄土宗**をすすめ，阿弥陀仏は，すべての人を救うと説き，そのことを信じて生きることを求める**浄土真《しん》宗**を開いた（出る）。また，当時の僧《そう》は結婚《けっこん》を許されなかったが，親鸞は結婚し，子どもを育て，家庭生活を営んだ。

▶どんな時代？

あいつぐ戦乱やききんなどの災害が続いていた中世にくらす人々は，いろいろななやみや不安をかかえていた。このように社会不安が多く，人々が心のよりどころを求めるなかで，数派の新仏教が生まれた。鎌倉時代の**新仏教**は，武士や庶民《しょみん》の思いにこたえる，**わかりやすく信仰《しんこう》しやすい教え**（出る）だった。

年	人物年表
1173年	京都府で生まれる（貴族《きぞく》の日野《ひの》氏の子と伝えられる）。
1201年	**法然**の弟子になる。
1204年	このころから，法然の教団が延暦寺などから訴《うった》えられる。
1207年	越後《えちご》（新潟県）に流される。
	このころ，結婚する。
1214年	常陸国《ひたちのくに》（茨城県）に移住し約20年間教えを広める。
	このころ，浄土真宗の教えをまとめた**『教行信証《きょうぎょうしんしょう》』**が完成する。
1232年	このころ，京都にもどる。
1262年	なくなる。

鎌倉時代に生まれた新しい仏教は，武士や庶民《しょみん》の気持ちや実情にこたえ，分かりやすく信仰しやすい教えだったことからしだいに広まっていった。特徴《とくちょう》の１つは他力本《たりきほん》願《がん》で，仏の力にすがって救いを求めるもので，念仏《ねんぶつ》を唱える念仏宗（浄土宗・浄土真宗・時宗《じしゅう》）と題目《だいもく》を唱える日蓮《にちれん》（法華《ほっけ》）宗がある。もう１つは自力《じりき》本願で，座禅《ざぜん》を行い自分の力で悟《さと》りを開く禅《ぜん》宗（臨済《りんざい》宗・曹洞《そうとう》宗）がこれにあたる。

時代 鎌倉《かまくら》時代

名前

北条泰時《ほうじょうやすとき》

生没年 1183年～1242年　出身地 神奈川県

関連人物

【北条義時《よしとき》】北条泰時の父。2代執権《しっけん》。鎌倉幕府《ばくふ》の実権をにぎる。
(1163年～1224年)

北条泰時

▶どんな人?

北条泰時は2代執権北条義時の子で，承久《じょうきゅう》の乱後に京都に設置された，**六波《ろくは》羅探題《らたんだい》**の職をつとめたあと，3代執権となった。このころ，御家人《ごけにん》と荘園《しょうえん》領主との争いが増えてきた。1232年，**北条泰時**は御家人に対して**裁判の基準を示す**ために，頼朝《よりとも》以来の慣習や先例をもとに**御成敗式目《ごせいばいしきもく》**(貞永《じょうえい》式目)を制定した出る。

▶どんな時代?

1221年に京都を中心に**承久の乱**がおこった。北条氏は，この乱をおさえたのち，京都への**六波羅探題**の設置などを通して，西国《さいごく》に力をのばし，幕府の力は全国に広がっていった。**承久の乱**から3代執権**北条泰時**のときの**御成敗式目**の制定をへて，北条氏による**執権政治が確立**した出る。

年	人物年表
1183年	北条義時の子として生まれる。
1221年	**承久の乱**がおこると父の命令で京都にのぼり朝廷《ちょうてい》軍を破った。
	京都にとどまり初代の**六波羅探題**となる。
1224年	3代**執権**となる。
1225年	幕府に連署《れんしょ》(執権の補佐)・評定衆《ひょうじょうしゅう》(政治や裁判の合議機関)を置く。
1232年	**御成敗式目**(貞永式目)を制定する。
1242年	なくなる。

北条泰時が定めた御成敗式目(全51か条)は，御家人に対して公正な裁判ができるようにしたもので，律令にくらべて理解しやすくまとめられ，実際的な内容だった。

一　諸国の守護《しゅご》の仕事は，朝廷の警備を御家人に命ずることと，謀反《むほん》(反乱)や殺人などの犯罪人の取りしまりに限る。

一　けんかのもとになる悪口をいってはならない。　(一部要約)

年代暗記　御成敗式目が出される…裁判の基準を 泰時一文に《1232》

時代　鎌倉《かまくら》時代

名前

北条時宗《ほうじょうときむね》

生没年　1251年～1284年　出身地　神奈川県

関連人物

【フビライ=ハン】元《げん》の皇帝《こうてい》。日本を従えようと２度攻《せ》めてくる。
(1215年～1294年)

北条時宗　(満願寺)

▶どんな人？

元寇《げんこう》のときに幕府を指揮した８代執権《しっけん》。元の**フビライ=ハン**から属国《ぞっこく》となることを求める国書がとどき，これを拒否《きょひ》したため，**元寇**がおこった。1274年の**文永の役**《ぶんえいのえき》では，元の集団戦法や火薬兵器による攻撃《こうげき》に苦しめられた出る。このあと，九州北部の沿岸に**石塁**《せきるい》を築き，1281年の**弘安の役**《こうあんのえき》では上陸を許さず，暴風雨もあって元軍は退却《たいきゃく》した出る。

▶どんな時代？

中国の北方で遊牧生活を送っていたモンゴル民族の中から**チンギス=ハン**が現れ，**モンゴル帝国**を建設した。５代皇帝**フビライ=ハン**は東アジアを本国として，1271年に国号を**元**とした。元は，日本を服属させようと，支配下にあった朝鮮半島の高麗《コリョ》《こうらい》とともに２度にわたって攻《せ》めてきた出る。

年	人物年表
1251年	北条時頼《ときより》の子として生まれる。
1264年	幕府の連署《れんしょ》(執権の補佐)となる。
1268年	フビライの使者が日本に服属《ふくぞく》を要求する国書をとどける。
	８代**執権**となる。
1274年	**文永の役**がおこる。 ┐元寇
1276年	博多湾《はかたわん》に石塁《せきるい》(防塁《ぼうるい》)を築く。 ├元寇
1281年	**弘安の役**がおこる。 ┘元寇
1282年	鎌倉に**円覚寺**《えんがくじ》を建立する。
1284年	なくなる。

▲円覚寺舎利殿《しゃりでん》(神奈川県)　(円覚寺)

日本に大軍を送った元の皇帝フビライ=ハンには，イタリア人の商人マルコ=ポーロが仕えていた。マルコ=ポーロは，『東方見聞録《とうほうけんぶんろく》』(マルコ=ポーロのアジア旅行記)の中で，日本をジパングとよび，「ジパングの住民は礼儀《れいぎ》正しい。彼らが持つ黄金は無限である。国王の宮殿は屋根も広間も窓もみな黄金づくりである。フビライは，この島を征服しようとして大艦隊《だいかんたい》を向かわせた。」と述べている。

年代暗記　文永の役がおこる…人《1》船《27》酔《4》いの文永の役

キーワードで攻略

①元《げん》　寇《こう》

出る 出る 出る

[年代] 1274年・1281年

文永《ぶんえい》の役《えき》…1274年，元と高麗《コリョ》《こうらい》の連合軍が，九州北部に攻《せ》め寄せた。元軍は集団戦法や火薬兵器で日本軍を苦しめた。

弘安《こうあん》の役…1281年，元と高麗の連合軍はふたたび日本に襲来《しゅうらい》したが，暴風雨《ぼうふうう》で大打撃《だいだげき》を受けて退却《たいきゃく》した。

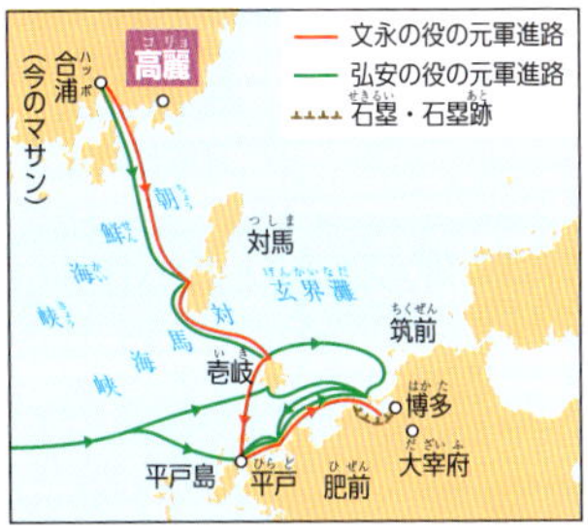

▲ 元軍の来襲の進路

②フビライ＝ハン

出る 出る 出る

[年代] 1215年～1294年

モンゴル帝国５代皇帝《こうてい》で，東アジアを本国として都を大都《だいと》(現在の北京《ペキン》)に移し，1271年，国号を元とした。1274年と1281年の２度にわたる日本攻撃《こうげき》を指揮《しき》した(元寇)。

③高　麗

出る 出る 出る

[年代] 918年～1392年

朝鮮《ちょうせん》半島では，強い勢力をもっていた新羅《シルラ》《しらぎ》が内乱でおとろえると，10世紀初めには高麗がおこり，936年に朝鮮半島を統一した。

資料で攻略

◎幕府《ばくふ》への不満の高まり

元寇で幕府の財政《ざいせい》は苦しくなり，元寇の戦いで活やくした御家人《ごけにん》に対して十分な恩賞《おんしょう》をあたえられず，幕府と御家人の結びつきがゆらぎ始めた。幕府への不満が高まり，御家人たちの心はしだいに幕府から離《はな》れていった。

出題のポイント

元軍と日本軍の戦いの様子から，元軍と日本の武士の戦い方や武器のちがいなどが問われる。しっかりつかんでおこう。

▲ 元軍と日本軍の戦い　(菊池神社)

漢字で攻略

北条時宗	北条時宗	
元寇	元寇	
高麗	高麗	

時代　南北朝時代《なんぼくちょう》

名前

後《ご》醍《だい》醐《ご》天《てん》皇《のう》

生没年　1288年～1339年　出身地　京都府

関連人物

【足利尊氏《あしかがたかうじ》】リンク 42ページ

【楠木正成《くすのきまさしげ》】後醍醐天皇側で幕府《ばくふ》軍と戦う。
(1294年？～1336年)

後醍醐天皇　(大徳寺)

▶どんな人？

後醍醐天皇は，２度鎌倉《かまくら》幕府を倒す計画をすすめたが失敗し，２度目の失敗で隠岐《おき》(島根県)に流された。しかし，天皇の皇子《おうじ》の護良親王《もりよししんのう》や**楠木正成**らが反幕府の兵をあげ，有力御家人《ごけにん》の足利尊氏《あしかがたかうじ》や新田《にった》義貞《よしさだ》らも味方したことで，1333年**鎌倉幕府をほろぼした**出る。1334年，**後醍醐天皇**は年号を「**建武**《けんむ》」と改め，自ら政治を行った。これを**建武の新政**出るという。

▶どんな時代？

２度の元《げん》の襲来《しゅうらい》で財政難となった**鎌倉幕府**は，**永仁《えいにん》の徳政令《とくせいれい》**を出して**御家人の生活苦を救おうとした**出るが，かえって経済が混乱した。御家人に金を貸す者がいなくなり，生活が苦しくなった。また，北条《ほうじょう》氏の内部争いもあって，御家人らの気持ちは北条氏からはなれていった。このような中で，倒幕《とうばく》の動きが強まっていった出る。

年	人物年表
1288年	後宇多《ごうだ》天皇の皇子として生まれる。
1318年	天皇に即位《そくい》する。
1324年	倒幕の計画が幕府に知られる。
1331年	再び倒幕計画が幕府に知られ，翌年隠岐(島根県)に流される。
1333年	隠岐を脱出《だっしゅつ》する。鎌倉幕府がほろび，**建武の新政**を始める。
1334年	年号を「建武」と改める。
1335年	足利尊氏が反乱をおこす。
1336年	足利尊氏が京都に新しい天皇をたて(北朝《ほくちょう》)，後醍醐天皇は吉野《よしの》(奈良県)にのがれて南朝《なんちょう》を開いた。
1339年	なくなる。

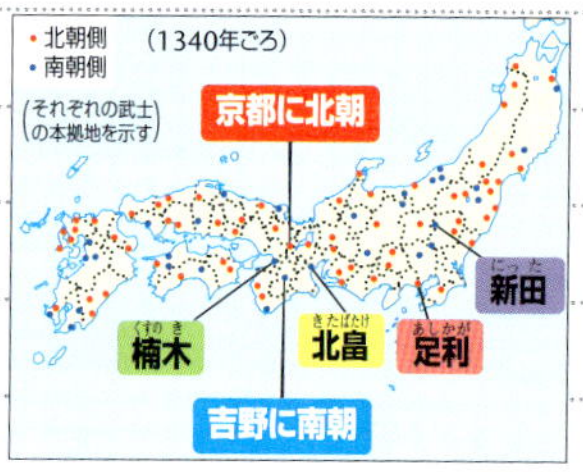

南朝と北朝の位置 ▶

後醍醐天皇は，公家《くげ》(貴族《きぞく》)と武家を統一した天皇中心の政治を理想として，公家・武家の区別なく役人に任命することを方針とした。しかし，実際には，理想と大きく異なり，公家を重視した政治を行った。倒幕に活やくした武士に恩賞《おんしょう》が少なく，そのうえ新しい税を課すなどしたため，後醍醐天皇の政治に対する武士の不満が高まり，武家政治の復活を望む声が高まっていった。

キーワードで攻略

①徳政令《とくせいれい》

[年代] 1297年，永仁《えいにん》の徳政令が出される

幕府《ばくふ》が元寇ののち，生活が苦しくなった御家人《ごけにん》を救うために出した法。御家人の領地の売買や質入れを禁止し，これまで御家人が売った土地をただで取り返させるようにした。

②南北朝時代《なんぼくちょう》

[年代] 1336年～1392年

建武《けんむ》の新政《しんせい》の失敗で，足利尊氏《あしかがたかうじ》は京都に別の天皇をたてて北朝を開き，後醍醐天皇《ごだいごてんのう》は吉野に南朝を開いた。南朝と北朝は約60年にわたって対立を続けた。

③二条河原《にじょうがわら》の落書《らくしょ》

[年代] 1334年（1335年ともいわれる）

京都の鴨《かも》川の二条河原にかかげられたとされる落書(政治に対するひはんや皮肉などを書いた文書)で，建武の新政の混乱ぶりを風刺《ふうし》している。一つ目は都の乱れた様子を，二つ目は，地方武士が公家《くげ》のまねをする様子を皮肉っている。「にせ綸旨《りんじ》」とは，天皇のにせの命令のことである。

> 一　このごろ都にはやるもの。夜討《ようち》・強盗《ごうとう》・にせ綸旨。召人《めしうど》・早馬・虚騒《からさわ》ぎ…
>
> 一　着つけぬ冠《かんむり》，上のきぬ。持ちもならわぬ笏《しゃく》もちて。内裏《だいり》交わり，めずらしや…
>
> （一部要約）

資料で攻略

◎悪党《あくとう》の活動した時代

鎌倉時代の終わりごろ，幕府の支配に従わない「悪党」とよばれる新興の武士が，幕府や荘園《しょうえん》領主に反抗《はんこう》するようになった。このころになると，幕府の力がおとろえ，人々の気持ちは幕府からはなれていった。

出題のポイント

後醍醐天皇が倒幕の動きをすすめた背景として，集団で幕府の支配に反抗した右の資料のような悪党の活動と，幕府の力の弱まりがあったことをおさえておこう。

▲ 悪党(悪人ではなく強い人という意味) (国立国会図書館)

漢字で攻略

後	醍	醐	天	皇	後	醍	醐	天	皇					
建	武	の	新	政	建	武	の	新	政					
南	北	朝	時	代	南	北	朝	時	代					

問題　別冊《べっさつ》10ページ8

時代 室町《むろまち》時代

名前 あしかがたかうじ

足利尊氏

生没年 1305年～1358年　出身地 栃木県？

関連人物

【後醍醐天皇《ごだいごてんのう》】 リンク 40ページ

【足利義満《よしみつ》】 リンク 44ページ

足利尊氏　（天龍寺）

▶どんな人？

　足利尊氏は，**後醍醐天皇**の鎌倉幕府《かまくらばくふ》を倒《たお》すための挙兵《きょへい》に応じて京都の**六波《ろくは》羅探題《らたんだい》**を攻《せ》め落とし，**建武《けんむ》の新政《しんせい》**の実現に功績をあげた（出る）。建武の新政に武士の不満が高まると，兵をあげ，京都に別の天皇をたてて北朝《ほくちょう》を開いた。後醍醐天皇は，吉野（奈良県）に朝廷《ちょうてい》を移した（南《なん》朝《ちょう》）。1338年には，京都に幕府（のちの**室町幕府《むろまちばくふ》**）を開いた（出る）。

▶どんな時代？

　鎌倉幕府の力がおとろえ，不満が高まると，**後醍醐天皇**が兵をあげ，**足利尊氏**や楠木正成《くすのきまさしげ》らの武士が味方して，**鎌倉幕府をほろぼした**（出る）。こののち，後醍醐天皇が始めた**建武の新政**は，公家《くげ》を重視したので，武士の不満が高まり，足利尊氏が北朝をたてて**京都に幕府を開き**，再び武家政治を始めた（出る）。以後，約60年間南北朝《なんぼくちょう》の対立が続いた。

年	人物年表
1305年	鎌倉幕府の御家人《ごけにん》の家に生まれる。
1331年	父の死で，家をつぐ。
1333年	鎌倉幕府の命令で出陣《しゅつじん》するが，倒幕側《とうばくがわ》に転じて**六波羅探題を攻め落とす**。
1335年	後醍醐天皇方の新田義貞《にったよしさだ》を破り京都に入る。
1336年	新政府の軍に敗れて九州ににげる。湊川《みなとがわ》の戦いなどで楠木正成らを破り，ふたたび京都に入る。
1338年	北朝から**征夷大将軍《せいいたいしょうぐん》**に任命され，**幕府（のちの室町幕府）を開く**。
1358年	なくなる。

　源氏《げんじ》の血すじを引く名門の家に生まれた足利尊氏の家には，源義家《みなもとのよしいえ》の遺言《ゆいごん》とされる「７代ののちに天下を取りなさい。」ということばが伝わっていた。しかし，７代目にあたる足利家時《いえとき》は，自分の代で天下を取れなかったため，自分から３代目までに天下を取らせて欲しいということばをのこして自殺した。その３代目にあたるのが足利尊氏で，1338年に征夷大将軍となった。

年代暗記　足利尊氏が幕府を開く…一《1》味《3》さ《3》わ《8》がし尊氏幕府

キーワードで攻略

①半《はん》　済《ぜい》

足利尊氏《あしかがたかうじ》は，地方の武士を守護《しゅご》のもとに従わせ，幕府《ばくふ》の支配を強化しようとして，守護に，荘園《しょうえん》の年《ねん》貢《ぐ》の半分を取る権利をあたえた。この権利を半済という。

②守護請《うけ》

荘園領主は，強大な力をもつようになった守護に，年貢の徴収《ちょうしゅう》を請《う》け負わせるようになった。これを守護請とよんでいる。守護は半済や守護請を利用して，荘園の侵略《しんりゃく》をすすめ，ますます勢力を強めていった。

③守護大名《だいみょう》

室町時代，守護はますます荘園や公領《こうりょう》を侵略していった。そして，領内の地頭《じとう》や荘官《しょうかん》，武士などを家臣として任国を領地化し，領国の形成をすすめ，一国全体を支配する守護大名へと成長していった。

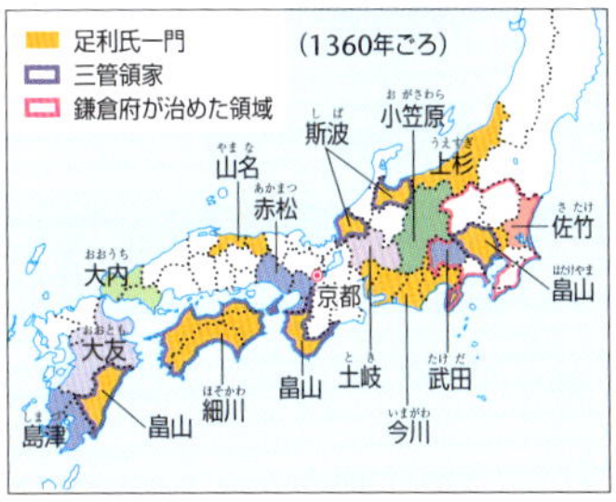

▲ おもな守護大名

◎室町《むろまち》幕府のしくみ

室町幕府のしくみは鎌倉《かまくら》幕府のしくみにならったものだった。鎌倉幕府の将軍《しょうぐん》の補佐役は執権《しっけん》だったが，室町幕府では管領《かんれい》が同様の職務を行った。このほか，東国10か国を治めるために鎌倉府が置かれ，九州探題《たんだい》や奥州《おうしゅう》探題も置かれた。

出題のポイント

鎌倉幕府の執権が室町幕府では管領になったことをしっかりおさえておこう。役職名を混同しないように注意。

資料で攻略

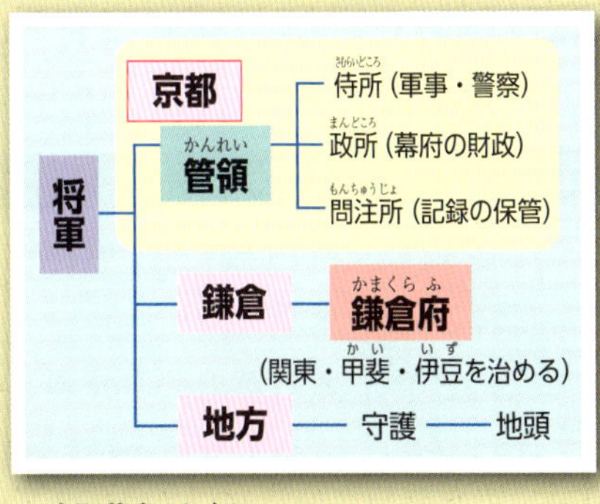

▲ 室町幕府のしくみ

漢字で攻略

足利尊氏	足利尊氏
六波羅探題	六波羅探題
管領	管領

出る率 10位

時代	室町《むろまち》時代
名前	あしかがよしみつ

足利義満

足利義満　（鹿苑寺）

生没年	1358年～1408年	出身地	京都府

関連人物

【足利尊氏《たかうじ》】 リンク 42ページ

【足利義政《よしまさ》】 リンク 46ページ

▶どんな人?

室町幕府《ばくふ》の３代将軍《しょうぐん》**足利義満**は，京都の室町に「花の御所《ごしょ》」とよばれる邸宅《ていたく》を建てて幕府を移したことから，足利氏の幕府を**室町幕府**とよぶ。義満は，1392年に**南北朝《なんぼくちょう》を統一**し，1397年に金《きん》閣《かく》を建てた。1404年には，**倭寇《わこう》**の取りしまりと貿易の利益を目的に，中国の明《みん》との貿易を始めた。この貿易を**日明《にちみん》(勘《かん》合《ごう》)貿易**という。

▶どんな時代?

３代将軍**足利義満**は，有力な**守護大《しゅごだい》名《みょう》**をおさえて全国の武士を支配し，**室町幕府の全盛期**を築いた。このころ**明**は**倭寇**に苦しめられ，日本に倭寇の取りしまりと国交を求めてきた。義満は，明の要求に応じて**日明(勘合)貿易**を開始した。日明貿易では，堺《さかい》(大阪府)・博多《はかた》(福岡県)・兵庫《ひょうご》などの商人が活やくし，税や献金《けんきん》は幕府の重要な財源となった。

年	人物年表
1358年	２代将軍足利義詮《よしあきら》の子として生まれる。
1367年	家督《かとく》をつぐ。
1368年	**室町幕府の３代将軍**となる。
1378年	京都の室町の**「花の御所」**に幕府を移す。
1392年	**南北朝を統一**する。
1394年	将軍職をゆずり，太政大臣《だいじょうだいじん》となる。
	政治の実権《じっけん》はにぎり続ける。
1397年	京都の北山《きたやま》に**金閣《きんかく》**を建てる。
1404年	**日明(勘合)貿易**を始める。
1408年	なくなる。

▲ 金閣(京都府)　（鹿苑寺）

人物伝

足利義満は，1401年，明と国交を開くにあたって，手紙に「日本准三后《じゅさんごう》」と署名《しょめい》したように，国内では准三后(皇后《こうごう》・皇太后《こうたいごう》・太皇太后《たいこうたいごう》に準じた待遇《たいぐう》を受ける人)として，対外的には「日本国王」として，その行動もしだいに尊大になっていった。朝廷《ちょうてい》でも事実上は上皇《じょうこう》として待遇《たいぐう》された。義満の死後，子の義持《よしもち》は，日明貿易は明に従う形式で屈《くつ》辱《じょく》的《てき》だとして，明との国交と貿易を停止してしまった(20年あまり後再開された)。

年代暗記　日明貿易が始まる…人知れよ《1404》勘合貿易

キーワードで攻略

①花の御所

[年代] 1378年，幕府《ばくふ》を移す

足利義満《あしかがよしみつ》が，京都の室町《むろまち》に建てた邸宅《ていたく》で，皇居《こうきょ》(天皇の御所)よりも規模《きぼ》が大きかったといわれる。1378年に幕府が移され，それ以後，室町幕府といわれる。代々の将軍《しょうぐん》の住居とされたが，応仁《おうにん》の乱で焼失した。

②金《きん》　閣《かく》

[年代] 1397年，建立《こんりゅう》

足利義満が，京都の北山に建てた仏堂。１階は寝《しん》殿造《でんづくり》，２階は武家風の造り，３階は禅宗《ぜんしゅう》寺院の様式を取り入れ，2・３階の壁《かべ》に金箔《きんぱく》がはられた。

③倭《わ》　寇《こう》

九州北部や瀬戸内海沿岸の武士や商人・漁民のなかに，集団で朝鮮《ちょうせん》・中国にわたって貿易を行い，時には貿易を強要したり，海賊《かいぞく》的な行為《こうい》を働いたりする者がおり，人々はこれを倭寇といっておそれた。明《みん》は，日本に倭寇の取りしまりと国交を求めてきた。これをうけて足利義満は日明貿易を始めた。

▲ 明軍(左)と戦う倭寇(右)　(東京大学史料編纂所)

◎日明(勘合《かんごう》)貿易

日明貿易では，倭寇と正式な貿易船を区別するために，勘合とよばれる合い札をもち，明にわたる貿易船は勘合の左半分をもち，明で右半分と照合し，正式な貿易船であることが確認されると，北京《ペキン》で交易した。このため，日明貿易を勘合貿易ともいう。

出題のポイント

日明(勘合)貿易では，倭寇と正式な貿易船を区別するために，勘合とよばれる合い札が使用された。日明(勘合)貿易が始められた背景に倭寇の活動があったことをおさえておこう。

資料で攻略

▲ 遣明船《けんみんせん》　(真正極楽寺)

勘合 ▶

漢字で攻略

足利義満	足利義満	
金閣	金閣	
勘合	勘合	

問題　別冊《べっさつ》10ページ[8]，13ページ[11]

時代　室町《むろまち》時代

名前

足利義政《あしかがよしまさ》

生没年　1436年～1490年　出身地　京都府

関連人物

【足利義満《よしみつ》】リンク 44ページ

足利義政　（東京国立博物館）

▶どんな人？

室町幕府《ばくふ》の８代将軍《しょうぐん》。しだいに政治には興味を示さなくなり，妻《つま》の日野富子《ひのとみこ》や有力守護大名《しゅごだいみょう》に任せきりとなっていた。義政のあとつぎをめぐって，守護大名の**細川《ほそかわ》氏**と**山名《やまな》氏**が激《はげ》しく争い，京都を中心に約11年間も戦いが続いた**応仁《おうにん》の乱**出るののち，1489年，京都の東山《ひがしやま》に**銀閣《ぎんかく》**を建てた出る。

▶どんな時代？

15世紀の中ごろになると，守護大名が勢力を広げ，領国の支配を強めていった。このような中で，室町幕府の勢力は弱まり，将軍の統制力もなくなっていった。守護大名の**細川氏**と**山名氏**の対立に将軍**足利義政**のあとつぎ争いや管領《かんれい》家の相続争いがからみ，1467年に**応仁の乱**がおこった出る。こののち，約100年間も戦国時代とよばれる戦乱の世が続いた。

年	人物年表
1436年	６代将軍足利義教《よしのり》の子として生まれる。
1449年	**室町幕府の８代将軍**となる。
1464年	弟の足利義視《よしみ》をあとつぎに決める。
1465年	子の義尚《よしひさ》が生まれる。
1467年	**応仁の乱**がおこる。
1473年	子の足利義尚に将軍職をゆずる。
1489年	京都の東山に**銀閣**を建てる。
1490年	なくなる。

▲ 銀閣（京都府）　（慈照寺）

足利義政は，足利義満の建てた京都の北山《きたやま》の金閣《きんかく》にならって，銀閣を建てた。金閣には金箔《きんぱく》がはられているが，銀閣に銀箔《ぎんぱく》ははられていない。銀箔をはる予定だったが財政難ではれなかったという説，外壁に太陽の光が当たると銀色に見えるからという説など諸説あるが，はっきりとしたことはわかっていない。建設当時ははられていたという説もあったが，近年ははったあとはないことが明らかになっている。

年代暗記　応仁の乱がおこる…人《1》の世《4》む《6》な《7》しい応仁の乱

キーワードで攻略

①分国法《ぶんこくほう》　出る 出る 出る

戦国大名が自分の領国を治めるために定めた独自の法令。家臣団の統制，農民の生活に関する規定，訴《そ》訟《しょう》に関することなどが定められている。

> 一　けんかをしたときは，理非《りひ》を問わず両方罰《ばっ》すること。（塵芥集《じんかいしゅう》・伊達《だて》氏）

②書院造《しょいんづくり》　出る 出る 出る

書院造では，室内にたたみがしかれ，ふすまや明かりしょうじ，床《とこ》の間《ま》，ちがい棚《だな》などが設けられた。室町《むろまち》時代に始まり，江戸《えど》時代に広くふきゅうした。現在の和風建築のもとになった。

③戦国大名《せんごくだいみょう》　出る 出る 出る

応仁《おうにん》の乱のころから，下の身分の者が上の身分の者を実力で倒す下剋上《げこくじょう》の世となった。その中で，実力のある家臣などが守護《しゅご》大名を倒《たお》して戦国大名となっていった。また，力のある守護大名は，家臣や地侍《じざむらい》らをおさえて領国の支配を固め，戦国大名となっていった。

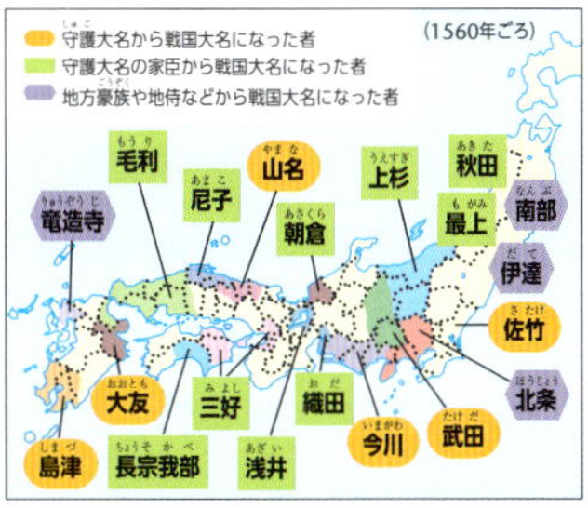

▶戦国大名の分布

◎応仁《おうにん》の乱

資料で攻略

守護大名の細川《ほそかわ》氏と山名《やまな》氏の対立に将軍足利義政《しょうぐんあしかがよしまさ》のあとつぎ争いなどがからみ，1467年に応仁の乱がおこり，京都を中心に約11年間続いた。幕府は無力化し，以後約100年間，戦国時代とよばれる戦乱の世が続き，戦国大名が争う時代となった。

出題のポイント

応仁の乱がおこった背景や，応仁の乱の後，日本の各地に戦国大名が出現し，戦国時代とよばれる戦乱の世となった流れをおさえておこう。

▲応仁の乱　（真正極楽寺）

漢字で攻略

足利義政	足利義政	
銀閣	銀閣	
書院造	書院造	

問題　別冊《べっさつ》10ページ8，13ページ11，14ページ12

時代　室町《むろまち》時代

名前

雪《せっ》　舟《しゅう》

生没年　1420年～1506年　出身地　岡山県

関連人物

【大内氏《おおうち》】周防《すおう》·長門《ながと》(山口県)などの守護大名《しゅごだいみょう》。雪舟は大内氏の保護で雲谷庵《うんこくあん》(画室)を開き，絵の勉強にうちこんだ。

雪　舟　(常栄寺)

▶どんな人？

雪舟は禅宗《ぜんしゅう》(臨済宗《りんざい》)の僧《そう》で，絵師としての修行を積み，1467年に大内氏の援助を受けて明《みん》(中国)にわたった。**水墨画《すいぼくが》**(墨《すみ》一色の濃淡《のうたん》で，自然などを描写《びょうしゃ》した絵画)を学んで日本に伝え，これを帰国後，日本風の様式に大成した。「秋冬《しゅうとう》山水図《さんすいず》」,「山水長巻《さんすいちょうかん》」,「天橋立図《あまのはしだてず》」などが有名である。

▶どんな時代？

15世紀の中ごろになると，全国各地で守護大名が勢力を強め領国《りょうごく》の支配に力を入れて，室町幕府の力はしだいに弱まっていった。1467年には，京都を中心に**応仁《おうにん》の乱**がおこり，このの100年ほど**戦国時代**が続いた。都で応仁の乱の戦乱にまきこまれると，公家《くげ》や僧が戦乱をさけて地方に下り，都の文化が地方に広まった。

年	人物年表
1420年	備中《びっちゅう》国(岡山県)で生まれる。
1433年	このころ，相国寺《しょうこくじ》(京都府)に入り禅宗の修行をする。
1464年	このころ，山口に行き大内氏の保護を受ける。
1467年	明(中国)にわたり，絵を学ぶ。
1469年	帰国して**水墨画を大成**し，各地を旅する。
1486年	このころから，山口を拠点《きょてん》として，諸国を旅し山水画(水墨画)をかく。
1501年	このころ，山口に落ち着く。
	「天橋立図」をかく。
1506年	なくなる。

人物伝

雪舟には，次の伝説がある。少年の時にあずけられていた寺で，僧の修行には身をいれず，絵ばかりかいていたため，本堂の柱にしばりつけられてしまった。反省したころだと思って和尚《おしょう》が行ってみると，雪舟の周りにねずみがいるので追いはらおうとしたら，このねずみは，雪舟が足の指を使って涙《なみだ》でかいた絵だった。絵の才能に感心した和尚は，絵の修業を強くすすめた。

キーワードで攻略

①禅《ぜん》　宗《しゅう》

鎌倉《かまくら》時代に伝わった，座禅《ざぜん》によって自分の力で悟《さと》りを開く仏教の宗派である。禅宗には，栄西《えいさい》が伝えた臨済《りんざい》宗と，道元《どうげん》が伝えた曹洞《そうとう》宗などがある。臨済宗は，鎌倉幕府の保護を受け，おもに貴族《きぞく》(公家《くげ》)や幕府《ばくふ》の有力者などの間に広まったが，曹洞宗は権力をきらい，地方武士などの間に広まった。

②大内氏《おおうち》

大内氏は，鎌倉幕府の有力な御家人《ごけにん》で，南北朝《なんぼくちょう》時代に山口を本拠地《ほんきょち》として勢力をのばし，大内氏発展の基礎を築いた。その後，応仁《おうにん》の乱などで活躍し，７か国の守護《しゅご》となった。山口におもむいた雪舟《せっしゅう》を保護し，雪舟が明《みん》(中国)にわたるのを援助した。雪舟は，1486年ごろから，山口に活動の拠点を置いた。

―室町《むろまち》文化―

◎水墨画《すいぼくが》

中国の宋《そう》や元《げん》で栄えた，墨《すみ》一色の濃淡《のうたん》で自然などをえがいた絵画。明(中国)にわたって学んだ雪舟が日本に伝え，こののち水墨画を日本風の様式に大成した。

◎能楽《のうがく》(能)

民間芸能であった猿楽《さるがく》と，田植えのときに豊作をいのって行われた田楽《でんがく》をもとにして，観阿弥《かんあみ》・世阿《ぜあ》弥《み》父子が大成した芸能。

出題のポイント

室町時代の文化は，応仁の乱をさけて地方に下った公家や僧によって，都の文化を地方に伝え広まった。なかでも，茶の湯や生け花など現代にまで伝わっているものが数多いので，しっかりおさえておこう。

資料で攻略

▲ 秋冬山水図《しゅうとうさんすいず》(雪舟画)　(東京国立博物館)

▲ 能楽の舞台　(国立歴史民俗博物館)

漢字で攻略

雪舟	雪舟	
水墨画	水墨画	
世阿弥	世阿弥	

✓ ここだけチェック! 重要年表

★鎌倉時代～室町時代

人物	年代	できごと
源頼朝《みなもとのよりとも》	1185年	源義経《みなもとのよしつね》を派遣《はけん》し，壇ノ浦《だんのうら》の戦いで平氏をほろぼす
	〃	守護《しゅご》・地頭《じとう》を設置する
	1192年	征夷大将軍《せいいたいしょうぐん》に任命される
	1206年	**チンギス＝ハン**がモンゴル帝国を建設する
	1219年	源氏の将軍が3代で絶える
後鳥羽上皇《ごとばじょうこう》	1221年	朝廷に政権を取りもどすため，承久《じょうきゅう》の乱をおこす
北条政子《ほうじょうまさこ》	〃	承久の乱がおこると，御家人《ごけにん》に対し結束して朝廷と戦うことを求める
	〃	承久の乱の後，六波羅探題《ろくはらたんだい》が設置される
親《しん》　鸞《らん》	13世紀前半	このころ，浄土真宗《じょうどしんしゅう》について述べた『教行信証《きょうぎょうしんしょう》』を著《あらわ》す
北条泰時《ほうじょうやすとき》	1232年	御成敗式目《ごせいばいしきもく》を定める
	1268年	この年より，**フビライ＝ハン**が数回にわたって日本に服属を要求する
北条時宗《ほうじょうときむね》	〃	8代執権《しっけん》になる
	1274年	文永《ぶんえい》の役がおこる ┐ 元寇《げんこう》
	1281年	弘安《こうあん》の役がおこる ┘
		→元寇《げんこう》で，御家人を指揮して元軍を退ける
	1297年	鎌倉幕府が永仁《えいにん》の徳政令《とくせいれい》を出す
後醍醐天皇《ごだいごてんのう》	1333年	鎌倉幕府がほろび，天皇中心の新しい政治を始める（建《けん》武《む》の新政）
	1336年	吉野（奈良県）に朝廷を移す（南朝）
足利尊氏《あしかがたかうじ》	1338年	征夷大将軍に任命され，幕府を開く（室町幕府）
足利義満《あしかがよしみつ》	1378年	京都の室町の「花の御所《ごしょ》」に幕府を移す
	1392年	南北朝《なんぼくちょう》を統一する
	1397年	金閣《きんかく》を建てる
	1404年	日明(勘合《かんごう》)貿易を始める
足利義政《あしかがよしまさ》	1467年	応仁《おうにん》の乱がおこる→このころから下剋上《げこくじょう》の世となる
	1489年	銀閣《ぎんかく》を建てる
雪《せっ》　舟《しゅう》	16世紀初め	このころ，「天橋立図《あまのはしだてず》」をえがく

安土桃山《あづちももやま》時代～江戸《えど》時代

▶近世の日本

★この章の人物

安土桃山時代

◎ 織田信長《おだのぶなが》 【第2位】

◎ 豊臣秀吉《とよとみひでよし》 【第1位】

◎ 今川義元《いまがわよしもと》

◎ フランシスコ＝ザビエル

江戸時代

◎ 徳川家康《とくがわいえやす》 【第8位】

◎ 徳川家光《とくがわいえみつ》 【第9位】

◎ 徳川綱吉《とくがわつなよし》

◎ 近松門左衛門《ちかまつもんざえもん》

◎ 徳川吉宗《とくがわよしむね》 【第20位】

◎ 松平定信《まつだいらさだのぶ》

◎ 水野忠邦《みずのただくに》

◎ 本居宣長《もとおりのりなが》

◎ 杉田玄白《すぎたげんぱく》

◎ 歌川広重《うたがわひろしげ》

◎ 伊能忠敬《いのうただたか》

◎ 井伊直弼《いいなおすけ》

◎ 吉田松陰《よしだしょういん》

◎ ペリー

◎ 徳川慶喜《とくがわよしのぶ》

◎ 坂本龍馬《さかもとりょうま》 【第19位】

出る率 2位

時代　室町《むろまち》～安土桃山《あづちももやま》時代

名前

織田信長《おだのぶなが》

生没年　1534年～1582年　出身地　愛知県

関連人物

【豊臣秀吉《とよとみひでよし》】リンク 54ページ

【明智光秀《あけちみつひで》】本能寺《ほんのうじ》の変《へん》で織田信長を倒《たお》す。
(1528年？～1582年)

織田信長　(長興寺)

どんな人？

織田信長は，1560年桶狭間《おけはざま》の戦いで今川《いまがわ》氏を倒し，1573年**室町幕府《ばくふ》をほろぼした**。1575年長篠《ながしの》の戦い(愛知県)で足軽鉄砲隊《あしがるてっぽうたい》(鉄砲をもった歩兵隊)を使い武田《たけだ》氏を倒し，1576年には**安土城《あづち》**を築いた。安土城下では，**楽市《らくいち》・楽座《らくざ》を行って市場の税を免除《めんじょ》し，座の特権を廃止**した。しかし，1582年，**本能寺《ほんのうじ》の変**で家臣の**明智光秀**におそわれ，自害した。

どんな時代？

戦国時代の16世紀の中ごろには，戦いに勝ち残った戦国大名《せんごくだいみょう》が京都に上って，天皇《てんのう》や将軍《しょうぐん》の権威《けんい》のもとに**全国を統一**しようとしていた。1543年，中国船に乗ったポルトガル人が種子島《たねがしま》に流れつき**鉄砲**が伝えられ，1549年には，フランシスコ＝ザビエルが**キリスト教**を伝えた。

年	人物年表
1534年	尾張《おわり》国(愛知県)の戦国大名の家に生まれる。
1551年	織田家をつぐ。
1560年	**桶狭間の戦い**(愛知県)で今川義元《よしもと》を破る。
1571年	比叡山延暦寺《ひえいざんえんりゃくじ》(滋賀県)を焼き打ちにする。
1573年	15代将軍足利義昭《あしかがよしあき》を追放し，**室町幕府をほろぼす。**
1575年	**長篠の戦い**で，武田氏を破る。
1576年	**安土城**(滋賀県)を築く。
1577年	安土城下で**楽市・楽座**を実施する。
1582年	**本能寺の変**で自害する。

人物伝

織田信長は，1560年に，駿河国《するがのくに》(静岡県)の今川義元を桶狭間の戦いで破り，1568年に京都に上って，足利義昭《あしかがよしあき》を室町幕府の15代将軍につけた。この間の1567年ごろ，信長は「天下布武《てんかふぶ》」の印を用いるようになった。信長は，このころから武力で全国を統一する強い意思をもっていたことがうかがえる。

「天下布武」の印▶

(浄厳院)

年代暗記　室町幕府がほろびる…一言なみ《1573》だで室町滅亡《めつぼう》

キーワードで攻略

①桶狭間《おけはざま》の戦い

出る 出る 出る

[年代] 1560年

約２万5000人の兵を率いて，織田信長《おだのぶなが》の領地の桶狭間で休息していた今川義元《いまがわよしもと》の軍勢に対し，信長は2000人程度の軍勢で奇襲《きしゅう》し，今川義元を倒《たお》した。この戦いの勝利から信長の統一事業が始まった。

②室町幕府《むろまちばくふ》の滅亡《めつぼう》

出る 出る 出る

[年代] 1573年

織田信長は，足利義昭《あしかがよしあき》を15代将軍《しょうぐん》につけたが，足利義昭は，その後，信長に敵対するようになったため，これを追放した。これによって室町幕府は滅亡した。

③安土《あづち》城

出る 出る 出る

[年代] 1576年

1575年の長篠《ながしの》の戦いで武田《たけだ》氏を破った織田信長は，翌年，琵琶湖《びわこ》のほとりに５層《そう》７階建ての安土城を築き，統一事業の根拠地《こんきょち》にした。安土城の中央には，壮大《そうだい》な天守《てんしゅ》(城の中心となる建物)が築かれた。

④楽市《らくいち》・楽座《らくざ》

出る 出る 出る

[年代] 1577年

織田信長が安土城下の商工業をさかんにするため，新興の商工業者を集めて，市場の税を免除し，営業を独占していた座《ざ》の特権を廃止した政策。

資料で攻略

◎長篠の戦い

織田・徳川《とくがわ》連合軍と武田軍の戦いである。織田・徳川連合軍は武田軍の馬による攻撃《こうげき》を防ぐために柵《さく》をつくり，足軽鉄砲隊《あしがるてっぽうたい》に大量の鉄砲を持たせた。これまでとは大きく異なる戦い方で，以後，鉄砲によって戦いの決着が早くつくようになったといわれる。

出題のポイント

資料から，鉄砲隊の織田・徳川連合軍が左側，騎馬《きば》隊の武田軍が右側であること，織田・徳川連合軍側に，馬を防ぐ柵（馬防柵）があることを読み取ろう。

▲ 長篠の戦い　　(徳川美術館)

漢字で攻略

織田信長	織田信長	
楽市・楽座	楽市・楽座	
安土城	安土城	

問題 別冊《べっさつ》4ページ3，11ページ9，13ページ11

出る率 1位

時代　室町《むろまち》～安土桃山《あづちももやま》時代

名前　とよとみひでよし

豊臣秀吉

生没年　1537年～1598年　出身地　愛知県

関連人物

【織田信長《おだのぶなが》】 リンク 52ページ

【千利休《せんのりきゅう》】茶の湯を茶道として大成する。
(1522年～1591年)

豊臣秀吉　（高台寺）

▶どんな人？

農民の子に生まれた**豊臣秀吉**は，織田信長の家来《けらい》となって，しだいに出世した。**織田信長**が**本能寺《ほんのうじ》の変《へん》**で明智光秀《あけちみつひで》に攻《せ》められて自害すると，明智光秀を破って信長の後継者《こうけいしゃ》の地位についた。**太閤検地《たいこうけんち》**や**刀狩《かたながり》**などを行って**身分制度の基礎を固め**，1590年には北条氏《ほうじょう》を倒《たお》して**全国を統一**した。こののち，**朝鮮《ちょうせん》侵略《しんりゃく》**を行ったが失敗した。

▶どんな時代？

織田信長が**桶狭間《おけはざま》の戦い**で今川《いまがわ》氏をたおし，各地の戦国大名《せんごくだいみょう》を破って，統一事業を進めていった。1582年の本能寺の変ののち，信長の家臣の**豊臣秀吉**がそのあとをついだ。秀吉は対立する戦国大名を破り，**1590年，全国を統一**した。信長の安土城，秀吉の伏見城《ふしみじょう》(城跡を桃山という)から，この時代を**安土桃山時代**，この時代の文化を**桃山文化**という。

年	人物年表
1537年	尾張《おわり》国(愛知県)で生まれる。
1554年	このころから**織田信長**に仕える。
1582年	**本能寺の変**の直後，**明智光秀**を倒す。**太閤検地**を始める。
1583年	大阪城を築く(完成は1585年)。
1585年	関白《かんぱく》，翌年太政大臣《だいじょうだいじん》となり，豊臣姓《せい》を受ける。
1588年	刀狩を行う。
1590年	関東(小田原《おだわら》)の北条氏を倒し，**全国を統一**する。
1592年	朝鮮を侵略する(**文禄《ぶんろく》の役《えき》**)。
1597年	再び朝鮮を侵略する(**慶長《けいちょう》の役**)。
1598年	なくなる。

豊臣秀吉は，はじめキリスト教の布教を認めていたが，キリスト教が国内統一のさまたげとなるとして，宣教師《せんきょうし》を国外に追放してしまった。その理由は，九州平定の帰りに，長崎付近がキリシタン大名の寄進《きしん》で教会領になっていたことや，ポルトガル人が日本人を奴隷《どれい》として海外に連れ出していることを知ったこと，キリスト教信者が主君よりも神を敬《うやま》うので，封建《ほうけん》支配のさまたげとなると考えたためである。

年代暗記　刀狩が行われる…以《1》後《5》刃《8》は《8》だめよと刀狩

キーワードで攻略

①刀狩《かたながり》
［年代］ 1588年

豊臣秀吉《とよとみひでよし》は，農民らの一揆《いっき》を防ぎ，田畑の耕作に専念させるために，刀狩令を出して農民から武器を取り上げた。これで，武士と町人・百姓の身分の区別が明確に分かれはじめた。

②全国の統一
［年代］ 1590年

豊臣秀吉は，1583年に大阪城を築いて根拠地《こんきょち》とし，各地の戦国大名《せんごくだいみょう》を倒《たお》していった。1590年に，小田原《おだわら》(神奈川県)の北条《ほうじょう》氏を倒《たお》し，伊達《だて》氏らの東北地方の大名《だいみょう》も従えて，全国の統一を完成し，戦国の世は終わった。

③朝鮮侵略《ちょうせんしんりゃく》
［年代］ 1592年，1597年

豊臣秀吉は，明《みん》(中国)を征服《せいふく》しようとして朝鮮に道案内を要求したが断られたため，1592年に朝鮮の侵略を始めた(文禄《ぶんろく》の役《えき》)。1597年にふたたび兵を送った(慶《けい》長《ちょう》の役)が，苦戦が続くなか，秀吉の死で兵を引き上げた。この戦いは，豊臣氏がおとろえるきっかけになった。

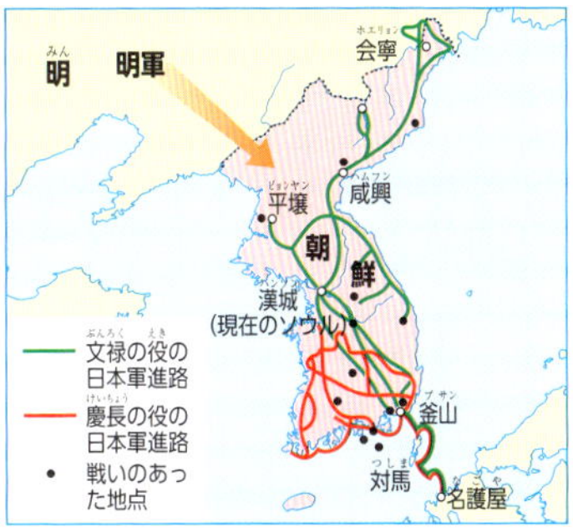

◎検地《けんち》(太閤検地《たいこうけんち》)

＊豊臣秀吉が行った検地を「太閤検地」という。

資料で攻略

検地は，統一したものさしやますで田畑を調べ，面積や収穫高《しゅうかくだか》(石高《こくだか》)と耕作者を検地帳に登録した。土地と農民を支配して，確実に年貢《ねんぐ》を徴収《ちょうしゅう》するためで，農民は田畑への権利は認められたが，年貢納入の義務を負った。

出題のポイント

役人(武士)が土地を調査し検地帳に記録した。全国の土地は武士の支配下に置かれ，武士は石高で領地をあたえられた。農民に課せられた年貢が武士の支配に重要だったことがわかる。

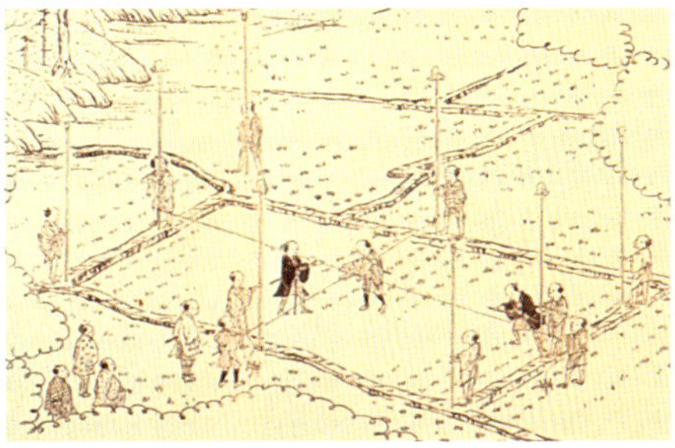

▲ 検地 (江戸《えど》時代の史料)　　(東京大学史料編纂所)

漢字で攻略

豊臣秀吉	豊臣秀吉	
太閤検地	太閤検地	
刀狩	刀狩	

問題 別冊《べっさつ》2ページ1，8ページ6

時代　室町《むろまち》時代（戦国《せんごく》時代）

名前　いまがわよしもと

今川義元

生没年　1519年～1560年　出身地　静岡県

関連人物

【織田信長《おだのぶなが》】リンク 52ページ

今川義元　（臨済寺）

▶どんな人？

今川義元は，戦国《せんごく》時代の東海《とうかい》地方の武将《ぶしょう》。駿河《するが》・遠江《とおとうみ》（静岡県）・三河《みかわ》（愛知県）にわたる領国を支配した。武田《たけだ》氏・北条《ほうじょう》氏と同盟《どうめい》を結び，京都にのぼる準備をすすめた。織田氏との戦いに専念し，1560年，大軍を率いて尾張《おわり》（愛知県）に侵入したが，桶狭間《おけはざま》で**織田信長**の奇襲《きしゅう》にあって戦死した**（桶狭間の戦い）**。

▶どんな時代？

戦国時代となり，室町幕府《ばくふ》の力は地に落ち，戦国大名《だいみょう》が戦いをくり広げる時代となった。戦国大名たちは分国法（家法）を定めるなど，領国《りょうごく》の支配を固めていった。今川義元のような大勢力を持つ戦国大名や，織田信長のような新興の小勢力などが勢力をきそいあっていた。尾張へ進出した今川氏と織田氏との間に**桶狭間の戦い**がおこった。

年	人物年表
1519年	駿河《するが》国（静岡県）で生まれる。
1536年	父の死で今川家をつぐ。
1545年	北条氏と戦い，これをおし返す。
1548年	1542年に続き，織田氏と戦う。
1554年	武田氏・北条氏と同盟を結ぶ。
1560年	**桶狭間の戦い**で**織田信長**に敗れ，戦死する。

今川義元は，尾張を支配しようとして２万5000人の軍を率いて駿府《すんぷ》をたった。これに対して，危機感を持った織田信長は，鳴海《なるみ》城周辺の出城を救援するために，2000人程度の軍を率いて，桶狭間で休息する今川軍を奇襲した。この戦いで今川義元は戦死した。今川義元の出陣は京にのぼるためとする説が一般的だったが，近年は尾張を支配しようとして出陣《しゅつじん》したとする説が有力である。

時代　室町《むろまち》時代（戦国《せんごく》時代）

名前　ふ ら ん し す こ ＝ ざ び え る

フランシスコ＝ザビエル

生没年　1506年～1552年　出身地　スペイン

関連人物

【ルター】宗教改革を行う。新教（プロテスタント）が生まれる。
（1483年～1546年）

【織田信長《おだのぶなが》】リンク 52ページ キリスト教を保護する。

フランシスコ＝ザビエル（神戸市立博物館）

▶どんな人？

スペイン人宣教師。**宗教改革**ののち旧教（カトリック）では形式的な信仰を反省して勢力回復がはかられた。その動きの中，**フランシスコ＝ザビエル**はイエズス会を設立しアジアなどへの布教に努めた。

1549年，ザビエルは鹿児島に来て日本に初めて**キリスト教を伝えた**。その後，平戸《ひらど》（長崎）・山口・京都・大分などで布教し，２年あまりで日本を去った。

▶どんな時代？

ヨーロッパでは16世紀の初めに，ルターが宗教改革を始めた。このとき生まれた新しいキリスト教の教えは新教（プロテスタント）とよばれ，これまでの旧教（カトリック）とはげしく対立した。

このころの日本は**戦国時代**。ザビエルが来日する前の1543年には，ポルトガル人が**種子島《たねがしま》に鉄砲《てっぽう》を伝え**ていた。

年	人物年表
1506年	ナバラ王国（スペイン）の貴族《きぞく》の子として生まれる。
1534年	ロヨラらと**イエズス会**（カトリック教会に属する組織）を結成する。
1541年	布教のため，インドに向けて出発する。
1549年	鹿児島に上陸し，**日本に初めてキリスト教を伝える**。
1551年	ゴア（インド）に帰る。
1552年	中国でなくなる。

人物伝

キリスト教が伝わると，貿易の利益のためにキリスト教を保護し，自らも信者になる大名（キリシタン大名）もあった。九州のキリシタン大名の大友宗麟《おおともそうりん》（義鎮《よししげ》）・有馬春《ありまはる》信《のぶ》・大村純忠《おおむらすみただ》は，1582年に４人の少年使節をローマ法皇《ほうおう》のもとに送った。これを天《てん》正遣欧《しょうけんおう》少年使節《しせつ》とよんでいる。しかし，この使節が帰国した1590年には，豊臣秀吉《とよとみひでよし》によって，キリスト教宣教師《せんきょうし》の追放令（1587年）が出されていた。

年代暗記　キリスト教が伝来する…以後よく《1549》広まるキリスト教

出る率 8位

時代　安土桃山《あづちももやま》～江戸《えど》時代

名前

徳川家康《とくがわいえやす》

生没年　1542年～1616年　出身地　愛知県

関連人物

【織田信長《おだのぶなが》】リンク 52ページ

【豊臣秀吉《とよとみひでよし》】リンク 54ページ

徳川家康　（臨済寺）

▶どんな人？

徳川家康は，三河《みかわ》国(愛知県)の小大《だい》名《みょう》の子で，19歳《さい》まで今川義元《いまがわよしもと》の人質《ひとじち》だった。桶狭間《おけはざま》の戦いののち**織田信長**と同《どう》盟《めい》を結び，**豊臣秀吉**が実権をにぎると，江戸(東京都)を本拠地《ほんきょち》に実力をたくわえた。**関ヶ原《せきがはら》の戦い**で**石田三成《いしだみつなり》**らを破り，1603年，**征夷大将軍《せいいたいしょうぐん》となって江戸幕《ばく》府《ふ》を開いた**出る。こののち，大阪冬の陣《じん》・夏の陣で**豊臣氏をほろぼした**。

▶どんな時代？

本能寺《ほんのうじ》の変《へん》で**織田信長**が自害すると，**豊臣秀吉**が後継者《こうけいしゃ》となり，1590年に**全国を統一した**出る。豊臣秀吉の死後におきた関ヶ原の戦いののち，豊臣氏は家康によって一大名の地位に落とされていた。**1603年，江戸幕府を開いた**出るのち，家康は，1615年に最初の**武家諸法度《ぶけしょはっと》**(大名統制の法)を発布し，江戸幕府の基礎を築いた。江戸幕府が開かれてから約260年間を**江戸時代**という。

年	人物年表
1542年	三河国(愛知県)で生まれる。
	６歳から19歳まで織田家や今川家の人質となる。
1562年	**織田信長**と同盟を結んで三河国を平定する。
1575年	**長篠《ながしの》の戦い**に参加する。
1584年	豊臣秀吉に従う。
1600年	**関ヶ原の戦い**で石田三成らを破る。
1603年	征夷大将軍となり，**江戸幕府を開く**。
1615年	1614年の大阪冬の陣に続く大阪夏の陣で，**豊臣氏をほろぼす**。
	２代将軍徳川秀忠《ひでただ》の名前で**武家諸法度**を出す。
1616年	なくなる。

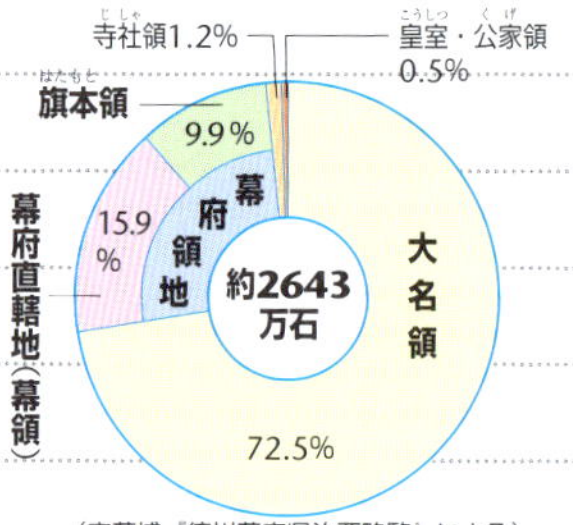

（安藤博『徳川幕府県治要略覧』による）

▲ 領地の割合

徳川家康は，６歳から19歳まで親から離されて人質として過ごした。そのときの経験が家康の辛抱強《しんぼうづよ》い性格をつくったといわれている。

戦国時代に全国統一をすすめた人物として，織田信長・豊臣秀吉・徳川家康の３人が有名だが，この３人の性格を表した江戸時代につくられた歌(狂歌《きょうか》)がある。

「織田がつき　羽柴《はしば》(秀吉のこと)がこねし　天下餅《もち》　すわりしままに　食うは徳川」

年代暗記　江戸幕府が開かれる…人《1》む《6》れ《0》て見《3》る江戸幕府

キーワードで攻略

①大名《だいみょう》の種類　出る 出る 出る

親藩《しんぱん》…徳川《とくがわ》氏の一族の大名で，尾張《おわり》(愛知県)・紀伊《きい》(和歌山県)・水戸《みと》(茨城県)の三家は特に御三家《ごさんけ》とよばれた。

譜代《ふだい》大名…関ヶ原《せきがはら》の戦い以前から，徳川氏の家臣だった大名。

外様《とざま》大名…関ヶ原の戦いのあとに徳川氏に従った大名。

②幕藩《ばくはん》体制　出る 出る 出る

江戸幕府《えどばくふ》は，全国を幕府《ばくふ》領と大名領(藩《はん》)に分け，幕府を中心に，将軍《しょうぐん》と大名の強い力で土地と人民を支配した。これを幕藩体制という。

③江戸幕府のしくみ　出る 出る 出る

江戸幕府の政治は，原則として譜代大名と旗本《はたもと》が担当した。大老《たいろう》は臨時に置かれる最高職で，常設の最高職は老中《ろうじゅう》である。大目《おおめ》付《つけ》・町奉《まちぶ》行《ぎょう》・勘定《かんじょう》奉行を指《し》揮《き》し，一般の政務を見た。

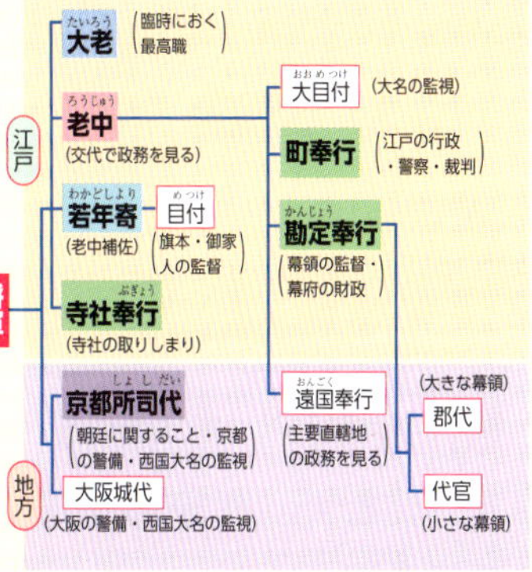

資料で攻略

◎強い力をもつ外様大名

前田《まえだ》・伊達《だて》・毛利《もうり》・細川《ほそかわ》・島津《しまづ》などの外様大名は，もともと徳川家康の同僚《どうりょう》で豊臣秀吉に仕えた者たちであった。石高《こくだか》も多く力も強かったため，徳川幕府はその動きをおさえるために配置を工夫するなど苦労した。

出題のポイント

江戸の周辺や重要な地には親藩や譜代大名を置き，外様大名は九州や東北など江戸から遠い地域に置き，たがいに監視《かんし》させた。

▲ 大名の配置

漢字で攻略

徳川家康	徳川家康
江戸幕府	江戸幕府
幕藩体制	幕藩体制

問題　別冊《べっさつ》4ページ3，8ページ6

出る率 9位

時代　江戸《えど》時代

名前

徳川家光《とくがわいえみつ》

生没年　1604年～1651年　出身地　東京都

関連人物

【徳川家康《いえやす》】 リンク 58ページ

【天草四郎《あまくさしろう》】島原《しまばら》・天草一揆《あまくさいっき》軍の総大将《そうだいしょう》。
（1621年？～1638年）

徳川家光　（輪王寺）

▶どんな人？

徳川家光は，**徳川家康**の孫《まご》で，江戸幕府《ばくふ》３代将軍《しょうぐん》。**武家諸法度《ぶけしょはっと》**に**参勤交代《さんきんこうたい》**の制度を取り入れて大名《だいみょう》の統制を強化出るし，反乱をおこせないようにした。また，平戸《ひらど》のオランダ商館《しょうかん》を長崎の出島《でじま》に移し，**鎖国《さこく》を完成**させた。こののち，貿易は，キリスト教を布教しない**オランダ**や**中国**と，**長崎**で行わせた出る。

▶どんな時代？

３代将軍**徳川家光**のときまでに，江戸幕府のしくみが確立出るした。島原・天草一揆が鎮圧《ちんあつ》されて，幕府はキリスト教の取りしまりを強化し，信者の発見のため絵踏《えふみ》を行った。**鎖国の体制**が完成すると，貿易の利益は幕府が独占した。以後，世界との交流は十分に行われなくなった。

年	人物年表
1604年	２代将軍徳川秀忠《ひでただ》の子として生まれる。
1623年	３代将軍となる。
1624年	スペインの来航を禁止する。
1632年	父の秀忠がなくなり，以後，江戸幕府の諸制度を整備する。
1635年	武家諸法度で，**参勤交代**を制度化する。
	日本人の海外渡航・帰国を禁止する。
1637年	**島原《しまばら》・天草一揆《あまくさいっき》**がおこる。
1639年	ポルトガルの来航を禁止する。
1641年	オランダ商館を長崎の出島に移す（**鎖国の完成**）。
1651年	なくなる。

▲ 大名行列　（石川県立歴史博物館）

人物伝

1623年に３代将軍になった徳川家光は，諸大名を江戸城内の大広間に集め，「私の祖父の徳川家康や父の秀忠《ひでただ》は，みなとともに戦った間がらであり，みなの助けで天下を取ることができたのだから，みなに遠りょがあった。しかし，私は生まれながらの将軍である。みなは私の家来である。もしこれが不満なら，国に帰っていくさのしたくをするがよい。いつでも相手をする。」と話したといわれている。

年代暗記　島原《しまばら》・天草一揆《あまくさいっき》がおこる…疲労《ひろう》みな《1637》ぎる島原・天草

キーワードで攻略

①参勤交代《さんきんこうたい》 出る 出る 出る

[年代] 1635年から実施

大名《だいみょう》の経済力を弱め，幕府《ばくふ》への反抗《はんこう》を防ぐために，大名の妻子《さいし》を人質《ひとじち》として江戸《えど》に置き，大名には江戸と領地を１年ごとに行き来(大名行列)させた。

②島原《しまばら》・天草《あまくさ》一揆《いっき》 出る 出る 出る

[年代] 1637年

九州の島原(長崎県)・天草(熊本県)地方のキリスト教徒を中心とする百姓らは，きびしい禁教と重税に反対して一揆をおこした。３ヵ月以上の戦いののち，幕府の大軍やオランダ船の砲撃《ほうげき》などで敗れた。

③絵《え》　踏《ふみ》 出る 出る 出る

キリスト教徒を発見するために，キリストやマリアの像を踏ませ，踏まなかったりためらったりした者はキリスト教徒とみなして処罰《しょばつ》した。

▲ 絵踏(東洋文庫)

④朝鮮通信使《ちょうせんつうしんし》 出る 出る 出る

豊臣秀吉《とよとみひでよし》の朝鮮侵略《しんりゃく》以後国交がとだえていた朝鮮とは，江戸時代に対馬藩《つしまはん》の宗《そう》氏を通して，国交が回復した。朝鮮からは日本の将軍《しょうぐん》が代わるときなどに使節が送られてきた。この使節を朝鮮通信使という。

資料で攻略

◎鎖国《さこく》下の対外関係

鎖国下では，貿易港として長崎だけが開かれ，オランダと中国だけが貿易を認められた。

そのほかに，薩摩《さつま》藩を通して琉球《りゅうきゅう》と，対馬《つしま》藩を通して朝鮮と交流があり，それぞれ使節が送られてきた。また，蝦夷地《えぞち》の南西部を領地とした松前《まつまえ》藩は，アイヌの人々との交易を幕府から認められ，アイヌを通して，樺太《からふと》や中国東北部とも交流があった。

出題のポイント

右の人工島が出島。鎖国中のオランダとの貿易地として必ずおさえておこう。

▲ 出島（長崎県）　（長崎歴史文化博物館）

漢字で攻略

徳川家光	徳川家光	
鎖国	鎖国	
出島	出島	

問題　別冊《べっさつ》4ページ3，12ページ10

時代　江戸《えど》時代

名前

徳川綱吉《とくがわつなよし》

徳川綱吉　(徳川美術館)

生没年　1646年～1709年　出身地　東京都

関連人物

【新井白石《あらいはくせき》】綱吉の時代の乱れた政治を改めた。
(1657年～1725年)

▶どんな人？

江戸幕府《ばくふ》5代将軍《しょうぐん》。儒学《じゅがく》の一派の朱子《しゅし》学《がく》を幕府公認の学問とし，学問や道理にもとづく文治《ぶんち》政治を行った。綱吉が，寺院建築に多額の費用を使ったことなどから，幕府の財政が苦しくなっていった。そこで，貨幣《かへい》の質を落として発行量を増やしたため，物価が上がり，人々を苦しめた。また，極たんな動物愛護令である**生類憐《しょうるいあわれ》みの令**を出した。

▶どんな時代？

3代将軍徳川家光《いえみつ》のころまでに江戸幕府の体制がほぼ確立し，17世紀末～18世紀初めの5代将軍**徳川綱吉**のころには政治や社会がしだいに安定していった。このころ，上方《かみがた》(大阪・京都)の町人を中心に栄えた明るく活気のある文化を**元禄《げんろく》文化**という。

年	人物年表
1646年	3代将軍徳川家光の子として生まれる。
1661年	上野《こうずけ》国(栃木県)館林《たてばやし》の領主となる。
1680年	5代将軍となる。
1685年	このころから，**生類憐みの令**を出す。
1690年	孔子《こうし》をまつる聖堂《せいどう》を湯島《ゆしま》(江戸)に移す。
	朱子学を幕府の正式な学問とする。
1709年	なくなる。

生類憐みの令は，あらゆる生物の保護を定めたものだが，綱吉が戌(いぬ)年の生まれだったので，特に犬に関して手厚く保護した。江戸周辺(中野《なかの》)に犬の収容所をつくり，約8万匹もの野犬を収容し白米・みそ・干しいわしなどの食料をあたえたといわれる。野犬の収容は人々への野犬の被害を減らすためで，生類憐みの令で処罰《しょばつ》された人も，別に処罰されるべき理由があったのではないかという説もある。

時代 江戸《えど》時代

名前 近松門左衛門《ちかまつもんざえもん》

近松門左衛門

生没年 1653年～1724年　出身地 福井県？

関連人物

【井原西鶴《いはらさいかく》】浮世草子《うきよぞうし》の作者。『日本永代蔵《にっぽんえいたいぐら》』など。
(1642年～1693年)

【松尾芭蕉《まつおばしょう》】俳諧《はいかい》(俳句)を芸術に高めた。『奥の細道』など。
(1644年～1694年)

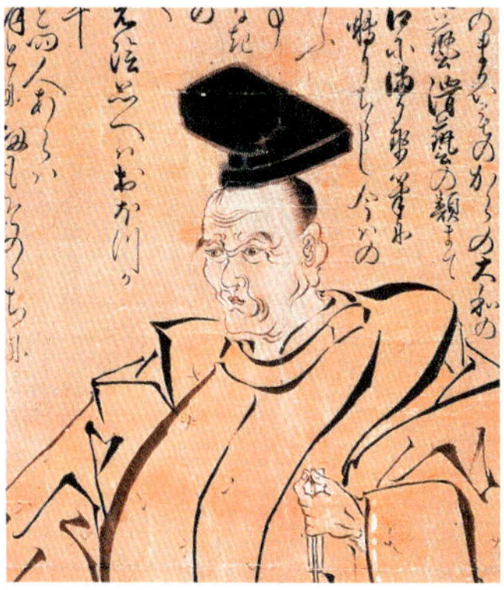

近松門左衛門　(柿衛文庫)

▶どんな人？

近松門左衛門は，**井原西鶴**や**松尾芭蕉**とともに**元禄文化《げんろくぶんか》**を代表する人物で，**人形浄瑠璃《にんぎょうじょうるり》**(三味線《しゃみせん》に合わせて語る浄瑠璃とあやつり人形が結びついたもの)や**歌舞伎《かぶき》**(**出雲《いずも》の阿国《おくに》が始める**)などの脚本《きゃくほん》家《か》として活躍した。『**曽根崎心中《そねざきしんじゅう》**』，『心中天網島《てんのあみじま》』などで，義理と人情の板ばさみとなってなやむ町人の姿などを描いた。

▶どんな時代？

17世紀末～18世紀初めの５代将軍《しょうぐん》**徳《とく》川綱吉《がわつなよし》**のころには，国内の平和が続き，町人の生活は豊かになっていった。このようななかで**元禄文化**が発達し，**上方《かみがた》(大阪・京都など)**の町人を中心に栄えた。元禄文化は，比かく的自由な生活をしていた町人の気風を反映した，**明るく活気に満ちた文化**だった。

年	人物年表
1653年	越前《えちぜん》国(福井県)吉江藩士《よしえはんし》の子として生まれたといわれる。
1672年	20歳ごろから人形浄瑠璃の脚本を書きはじめたといわれる。
1683年	『世継曽我《よつぎそが》』を著《あらわ》す。
	竹本義太夫《たけもとぎだゆう》のために作品を書き，**人形浄瑠璃**作家としての地位を築く。
1693年	歌舞伎役者**坂田藤十郎《さかたとうじゅうろう》**と出会い，**歌舞伎**作家として活やくする。
1703年	**『曽根崎心中』**が大きな人気を得る。
1715年	『国姓爺合戦《こくせんやかっせん》』が初演される。
1720年	『心中天網島』が初演される。
1724年	なくなる。

近松門左衛門は，本名を杉森信盛《すぎもりのぶもり》という。人形浄瑠璃作家として人気が上がってきた34歳のときに，作家としての名前(ペンネーム)である近松門左衛門を名のるようになった。「近松」は，近江《おうみ》(滋賀県)もしくは肥前唐津《ひぜんからつ》(佐賀県)の近松寺《きんしょうじ》からとったといわれている。「門左衛門」は，祖父や父が使っていた名前とする説や，「門前の小僧《こぞう》にすぎない」という意味でつけたとする説などがある。

出る率 20位

時代　江戸《えど》時代

名前

徳川吉宗《とくがわよしむね》

生没年　1684年～1751年　出身地　和歌山県

徳川吉宗　(徳川記念財団)

関連人物

【新井白石《あらいはくせき》】 リンク 62ページ

【青木昆陽《あおきこんよう》】ききんに備え，さつまいもの栽培を研究した。
(1698年～1769年)

▶どんな人?

徳川吉宗は，御三家《ごさんけ》のひとつ紀伊藩《きいはん》(和歌山県)の藩主《はんしゅ》から８代将軍《しょうぐん》となった。1716年，家康《いえやす》の政治を理想として**享保《きょうほう》の改革《かいかく》**を始め，**新田の開発**に力を入れ，米の増収《ぞうしゅう》をはかった。また，**公事方御《くじかたお》定書《さだめがき》**を定めて**裁判《さいばん》の公正**をはかり，**目《め》安箱《やすばこ》**を設置して**庶民《しょみん》の意見を聞いたり**した出る。さらに，**上米《あげまい》の制**を行うなど，幕府財政の立て直しに力を入れた。

▶どんな時代?

江戸時代の半ばには商品の流通が増え，農村でも貨幣《かへい》が使われるようになるなど，社会が変化していった。悪化した財政を立て直そうと，吉宗が行った享保の改革によって，幕府の財政は，いったんは立ち直った。しかし，年貢《ねんぐ》の増加や享保のききんなどで人々の生活は苦しくなり，**百姓一揆《ひゃくしょういっき》や打ちこわしが続発**するようになった。

年	人物年表
1684年	紀伊藩(和歌山県)の藩主の子として生まれる。
1705年	紀伊藩の藩主となる。
1716年	**8代将軍**となる。
	この年，**享保の改革**を始める。
1721年	**目安箱**を設置する。
1732年	享保のききんがおこる。
1742年	**公事方御定書**が完成する。
1745年	将軍職を子の家重《いえしげ》にゆずる。
1751年	なくなる。

小松菜《こまつな》という名前の野菜を知っているだろうか。食卓《しょくたく》にもよくのぼるし，給食などでもよく使われている。あるとき，８代将軍徳川吉宗が，現在の東京都江戸川《えどがわ》区小松《こまつ》川《がわ》のあたりに鷹狩《たかが》りに出かけた際に，付近の人々からこの野菜が献上《けんじょう》された。これを食べた吉宗は，「これはうまい。このあたりは小松川なので，この野菜の名前を小松菜とするがよい。」と話したことが小松菜の名前の由来となったといわれている。

年代暗記　享保の改革が始まる…人《1》の名《7》広《16》める享保の改革

キーワードで攻略

①新田開発

出る 出る 出る

幕府《ばくふ》の財政を立て直すために，新田の開発を奨励《しょうれい》して収穫高《しゅうかくだか》を増やし，年貢《ねんぐ》の率を引き上げて，収穫高に関係なく一定の年貢を取り立てることにした。

②目安箱《めやすばこ》

出る 出る 出る

［年代］1721年設置

人々の意見を聞くために設置した投書箱。この投書から，江戸小石川《えどこいしかわ》の薬園内に貧しい人々のための施薬院《せやくいん》や小石川養生所《ようじょうしょ》が設けられた。また，町火消し「いろは48組」が組織され，防火・消火体制が整えられた。

③公事方御定書《くじかたおさだめがき》

出る 出る 出る

［年代］1742年

徳川吉宗《とくがわよしむね》が，公正な裁判の基準を定めるために出した法令。下巻は「御定書百箇条《ひゃっかじょう》」とよばれ，判例《はんれい》や取り決めなどをもとに，刑法《けいほう》や訴訟法《そしょうほう》などについて江戸町奉行の大岡忠相《おおおかただすけ》らが編さんした。

④上米《あげまい》の制

出る 出る 出る

［年代］1722年

大名《だいみょう》に，1万石《ごく》につき100石の米を納めさせる代わりに，藩《はん》の財政を悪化させていた参勤交代《さんきんこうたい》の制度をゆるめ，大名が江戸にいる期間を半年に短縮した。

◎幕府財政の変化

資料で攻略

徳川吉宗が実施した享保《きょうほう》の改革《かいかく》によって，金・米ともに収入《しゅうにゅう》が支出を上まわり，幕府の財政が立ち直っていることがわかる。しかし，その後，田沼意次《たぬまおきつぐ》が老中となった時代からは支出《ししゅつ》が収入を上まわり，幕府の財政はたいへん苦しくなっている。

出題のポイント

右の資料は，幕府の収入と支出を表したものである。享保の改革では財政の立て直しに一時的に成功したが，そののち支出が増加し，赤字続きになっていることを読み取る。

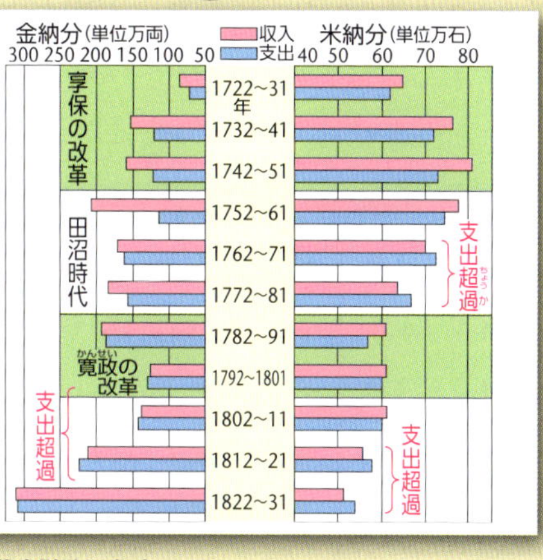

▲ 幕府財政の収支

漢字で攻略

徳川吉宗	徳川吉宗
享保の改革	享保の改革
目安箱	目安箱

問題 別冊《べっさつ》10ページ8

時代　江戸《えど》時代

名前

松平定信《まつだいらさだのぶ》

生没年　1758年～1829年　出身地　福島県

関連人物

【徳川吉宗《とくがわよしむね》】 リンク 64ページ

【田沼意次《たぬまおきつぐ》】老中《ろうじゅう》。株仲間《かぶなかま》の結成を奨励《しょうれい》する。
(1719年～1788年)

松平定信　(南湖神社)

▶どんな人？

松平定信は８代将軍《しょうぐん》**徳川吉宗**の孫《まご》で白河藩《しらかわはん》(福島県)主。1787年，**田沼意次**が失脚《しっきゃく》したあと老中となり，**寛政《かんせい》の改革《かいかく》**を始めた出る。幕府《ばくふ》の昌平坂《しょうへいざか》学問所では**朱《しゅ》子学《しがく》以外の講義を禁止**し，**旗本《はたもと》・御《ご》家人《けにん》の借金を帳消し**にした出る。また，江戸に出稼《でかせ》ぎに来た農民を農村に帰し，ききんに備えて米をたくわえさせた。しかし，きびしすぎて失敗に終わった。

▶どんな時代？

1772年，**田沼意次**は老中になり，**株仲間の結成を奨励**するなど，商人の豊かな経済力を利用した積極的な政策を行った出る。しかし，ききんや浅間山《あさまやま》の噴火《ふんか》などの天災《てんさい》が相次ぎ，政権への比はんが高まって，失脚した。1787年に，老中**松平定信**が田沼意次の政治を改め，農村を復興しようとして**寛政の改革**を始めた出る。

年	人物年表
1758年	田安《たやす》家の子(８代将軍徳川吉宗の孫)として，江戸で生まれる。
1774年	白河藩(福島県)松平家の養子となる。
1783年	白河藩主となる。
1787年	老中首座《しゅざ》となり，**寛政の改革**を始める。
1793年	老中をやめる。
1812年	白河藩主をやめる。
1829年	なくなる。

▲ 昌平坂学問所での講義
(東京大学資料編纂所)

田沼意次が失脚し，定信が寛政の改革を始めると，人々の定信への期待が高まった。しかし，やがて失望に変わった。狂歌《きょうか》で見てみよう。

- 期待…田や沼や　よごれた御代《みよ》を　改めて　清らにすめる　白河の水
- 批判…世の中に　蚊《か》ほどうるさき　ものはなし　文武《ぶんぶ》といふ《う》て　夜もねられず
- 失望…白河の　清きに魚の　すみかねて　もとのにごりの　田沼恋しき

年代暗記　寛政の改革が始まる…い《1》きな《7》花《87》咲く寛政の改革

時代 江戸《えど》時代

名前

水野忠邦《みずのただくに》

生没年 1794年～1851年 出身地 東京都

関連人物

【田沼意次《たぬまおきつぐ》】リンク 66ページ
(1719年～1788年)

【大塩平八郎《おおしおへいはちろう》】貧民《ひんみん》救済のため反乱をおこす。
(1793年～1837年)

水野忠邦 (首都大学東京図書情報センター)

▶どんな人?

1839年に老中首座《しゅざ》となった**水野忠邦**は，1841年に**天保《てんぽう》の改革《かいかく》**を始め，物価高の原因が株仲間にあると考え，**株仲間を解散**させた出る。また，農村を立て直すために**人返《ひとがえ》し令《れい》**で江戸への出稼《でかせ》ぎを禁止し，農民を農村に帰した。さらに幕府《ばくふ》の勢力を強めようと，**上知《あげち》(地)令**を出して江戸・大阪周辺を幕府の直轄地《ちょっかつち》(直接の支配地)にしようとしたが，反対され失脚《しっきゃく》した。

▶どんな時代?

1830年代には，冷害・洪水《こうずい》・暴風雨などが原因で，全国で大ききんが続いた。大阪では，人々を救おうとして，**大塩平八郎**(町奉行所《まちぶぎょうしょ》のもと役人)が反乱をおこし，幕府は大きな衝撃《しょうげき》を受けた。

18世紀末から19世紀にかけて，アジアに市場などを求めるイギリスやロシアなどヨーロッパ諸国やアメリカの船が，日本近海に現れるようになった。

年	人物年表
1794年	肥前《ひぜん》国(佐賀県)唐津藩主《からつはんしゅ》の子として，江戸で生まれる。
1812年	唐津藩主となる。
1817年	遠江《とおとうみ》国(静岡県)浜松《はままつ》に移る。
1826年	京都所司代《きょうとしょしだい》となる。
1834年	老中となる(1839年老中首座)。
1837年	**大塩平八郎の乱**がおこる。
1841年	**天保の改革**を始める。
1843年	**上知(地)令**を出すが反対が多く，老中をやめさせられる。
1844年	ふたたび老中になるが，翌年失脚する。
1851年	なくなる。

株仲間は，商工業者の独占的な同業組合で，田沼意次は税を納めさせることを目的に株仲間の結成をすすめた。水野忠邦は株仲間が物価上昇の原因となっているとして，株仲間を解散させた。しかし，株仲間以外にも物価上昇の原因がいろいろあったため，物価は下がらなかった。しかも，幕府には株仲間からの税収《ぜいしゅう》が入らなくなり，商品の流通も乱れて，経済が大混乱することになった。

年代暗記 天保の改革が始まる…人《1》は《8》よ《4》い《1》よい天保の改革

時代 江戸《えど》時代

名前 本居宣長《もとおりのりなが》

生没年 1730年～1801年　出身地 三重県

関連人物

【賀茂真淵《かものまぶち》】国学《こくがく》者。本居宣長に国学《こくがく》を教える。
(1697年～1769年)

【杉田玄白《すぎたげんぱく》】 リンク 69ページ

本居宣長　(本居宣長記念館)

▶どんな人?

伊勢《いせ》国(三重県)松阪《まつさか》の木綿《もめん》問屋に生まれたが，商人に向いていないことから，京都で医学や儒学《じゅがく》などを学んだ。この間に**賀茂真淵**と出会い，弟子となって儒《じゅ》教《きょう》や仏教の影響《えいきょう》を受ける前の日本人の考え方を明らかにしようとする**国学**を研究し始めた。歴史書の『古事記《こじき》』を研究し，**『古事記伝《こじきでん》』にまとめ，国学を大成**した。

▶どんな時代?

18世紀の後半，田沼意次《たぬまおきつぐ》の政治や寛政《かんせい》の改革《かいかく》などが行われるなかで，国学や蘭《らん》学《がく》などの新しい学問を研究する人々が現れた。国学は，日本本来の日本人の考え方を明らかにしようとする学問で，契《けい》沖《ちゅう》が17世紀後半にもとを開いた。のちに国学は，天皇を敬《うやま》う思想の**尊王論《そんのうろん》**を育て，幕府政治への批判や外国人を打ち払う思想の**攘夷論《じょうい》**に影響をあたえた。

年	人物年表
1730年	伊勢国(三重県)松阪の商人の子として生まれる。
1752年	勉学のため京都に行く。
	医学や儒学などを学ぶ。
1757年	松阪に帰って医者となる。
1763年	**賀茂真淵**の弟子になる。
1764年	『古事記』を書き始める。
1798年	**『古事記伝』が完成**する。
1801年	なくなる。

人物伝

本居宣長は賀茂真淵の弟子となり国学の研究を始めた。二人の出会いは，真淵が泊《と》まっていた松阪(三重県)の宿を，宣長がたずねたのが最初だという。その時二人は国学について語りあい，真淵は自分の学問のすべてを宣長に教えると約束した。二人が直接会ったのは生涯にその１度だけで，あとは手紙のやりとりだけだった。その35年後，『古事記伝』が完成し，宣長は国学を大成させた。

時代 江戸《えど》時代

名前 杉《すぎ》田《た》玄《げん》白《ぱく》

杉田玄白

生没年 1733年～1817年　出身地 東京都

関連人物

【前野良沢《まえのりょうたく》】杉田玄白らと『解体新書《かいたいしんしょ》』を出版する。
(1723年～1803年)

【伊能忠敬《いのうただたか》】リンク 71ページ

杉田玄白　（早稲田大学図書館）

▶どんな人？

蘭学者《らんがくしゃ》の**杉田玄白**は，**前野良沢**らと死体の解剖《かいぼう》を見学し，体内のしくみが，それまで使っていた中国の医学書とは全く異なり，オランダ語の医学書『ターヘル＝アナトミア』の通りであったことにおどろいた。翌日《よくじつ》から翻訳《ほんやく》に着手して，3年後に**『解体新書』として出版**した出る。翻訳の苦労は，のちに『蘭学事始《らんがくことはじめ》』に著《あらわ》している。

▶どんな時代？

1720年に8代将軍徳川吉宗《しょうぐんとくがわよしむね》が，キリスト教に関係のない漢訳《かんやく》洋書の輸入を許可出るすると，しだいに**蘭学**の研究が進んだ。**『解体新書』**の出版は，蘭学を学ぶ気運を急速に高めた。そののちも，平賀源内《ひらがげんない》がエレキテル(まさつ起電器)や寒暖計《かんだんけい》をつくり，**伊能忠敬《いのうただたか》**が**日本全図**をつくる出るなど，大きな業績につながっていった。

年	人物年表
1733年	若狭《わかさ》国(福井県)小浜藩《おばまはん》の外科医の子として，江戸で生まれる。
1749年	医学を学びはじめる。
1771年	江戸で，死体の解剖を見学する。
	翌日から『ターヘル＝アナトミア』の翻訳にとりかかる。
1774年	**『解体新書』**を出版する。
1815年	**『蘭学事始』**を出版する。
1817年	なくなる。

『解体新書』（本文の一部とさし絵）▶

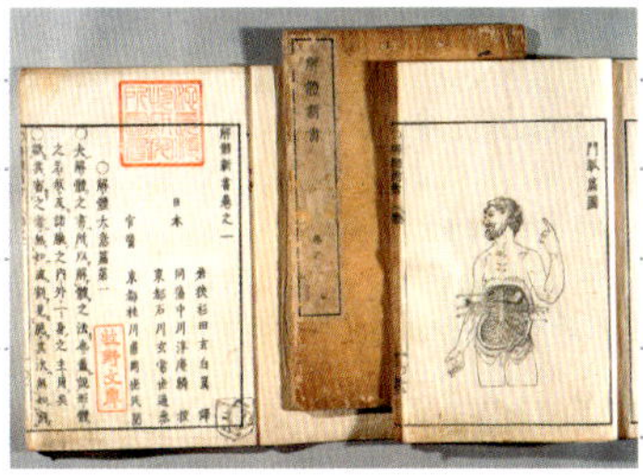

（神戸市立博物館）

人物伝

前野良沢はオランダ語がある程度できたが，杉田玄白らはオランダ語がまったくわからなかったため，翻訳の作業は，英語でいうＡＢＣから始めなくてはならなかった。また，どの医学用語も初めて見るもので，まる一日考えてもわからないことばばかりで，〇に十字を書いて保留にした。これを「くつわ十文字」とよんだが，わからないことばばかりで，出てくることばにどんどん「くつわ十文字」がついてしまったという。

年代暗記　『解体新書』を出版する…新書には解剖された人《1》の名《7》な《7》し《4》

時代 江戸《えど》時代

名前

歌川広重《うたがわひろしげ》

生没年 1797年～1858年　出身地 東京都

関連人物

【葛飾北斎《かつしかほくさい》】浮世絵師《うきよえし》。「富嶽《ふがく》三十六景」などの風景画。
(1760年～1849年)

【喜多川歌麿《きたがわうたまろ》】浮世絵師。美人画。
(1753年～1806年)

歌川広重　(中嶋尚美社)

▶どんな人?

歌川広重は，本名を安藤《あんどう》広重といい，江戸幕府《ばくふ》の役人の家に生まれた。歌川豊《とよ》広《ひろ》の門人となって美人画などを学んだ。そののち風景画をえがくようになり，代表作として**「東海道《とうかいどう》五十三次《つぎ》」**・「江戸名所百景《えどめいしょひゃっけい》」などがある出る。多色刷りの**錦絵《にしきえ》(浮世絵)**は版画で，大量に刷られ安く売られて人々の人気を集めた。

▶どんな時代?

19世紀初めの文化・文政期のころには，文化の中心も**上方《かみがた》**(大阪・京都)から**江戸**に移り，活力のある町人に支えられた文化が栄えた(**化政《かせい》文化**)。しかし，このころは，思想や風俗《ふうぞく》などに対する統制がきびしかったため，幕府や武士などの**権力を持つ者に対する皮肉《ひにく》やこっけいによる風刺《ふうし》**出るが喜ばれた。

年	人物年表
1797年	江戸(東京都)で生まれる。
1809年	安藤家をつぐ。
1811年	浮世絵師の歌川豊広に弟子入りする。
1823年	幕府の役職(火消し同心《どうしん》)を引退する。
1832年	東海道を旅する。
1833年	**「東海道五十三次」**を発表する。
1858年	なくなる。

▲「東海道五十三次」蒲原宿《かんばらしゅく》　(歌川広重画)
(東京国立博物館)

日本の浮世絵は海外にも紹介され，日本の文化や芸術に興味をもったヨーロッパの印象派《いんしょうは》などの画家たちに大きな影響《えいきょう》をあたえた。特に，「ひまわり」などで知られるヴァン＝ゴッホ(オランダ)は，浮世絵の大胆《だいたん》な構図や色彩に感動し，400点以上の浮世絵を収集した。ゴッホ自身も19世紀末，歌川広重の描いた「江戸名所百景」のうちの数点を模写《もしゃ》している。

時代　江戸《えど》時代

名前

伊能忠敬《いのうただたか》

生没年　1745年～1818年　出身地　千葉県

関連人物

【間宮林蔵《まみやりんぞう》】蝦夷地《えぞち》を探検し，間宮海峡《かいきょう》を確認した。
(1780年～1844年)

【杉田玄白《すぎたげんぱく》】リンク 69ページ

伊能忠敬　（伊能忠敬記念館）

▶どんな人？

佐原《さわら》(千葉県)の名主《なぬし》(村役人)だったが，50歳で長男に家業をゆずって江戸に出て，天文学や測量術などを学んだ。やがて，全国の沿岸を歩いて測量を続け，現在の地図とほとんど変わらないほどの**正確な日本地図をつくった**出る。この地図は，「大日本沿海輿地全図《だいにほんえんかいよちぜんず》(伊能図)」として，現在も残されている。

▶どんな時代？

8代将軍徳川吉宗《しょうぐんとくがわよしむね》がキリスト教に関係のない漢訳《かんやく》洋書の輸入を認めてから，**蘭学《らんがく》**がしだいに広がり，18世紀の後半には**『解体新書《かいたいしんしょ》』**が出版された。19世紀になると，幕府が警備のために各地の沿岸調査を命じたことも，この時代の西洋の天文学・測量術の発達につながった。

年	人物年表
1745年	上総《かずさ》国(千葉県)で生まれる。
1762年	佐原の伊能家の養子となり，のちに名主(村役人)となる。
1794年	長男に家業をゆずる。
1795年	江戸に住み，天文学を学ぶ。
1800年	幕府の許可をえて，蝦夷地(北海道)南部を測量する。
1816年	17年間，**全国の測量を行い**，この年終了する。
1818年	**「大日本沿海輿地全図」**の作図中になくなる。
1821年	弟子たちが「大日本沿海輿地全図」を完成させる。

▲ 伊能忠敬の日本地図（一部）
（伊能忠敬記念館）

伊能忠敬の日本地図はたいへん正確で，国防上海外への持ち出しが禁止されていた。1828年，ドイツ人医師のシーボルトは帰国の際にこの地図の写しを持ち出そうとして処罰《しょばつ》された(シーボルト事件)。この写しの地図は，複製されて多くの人の手にわたった。黒船を率いて日本に来航したアメリカ使節ペリーは，東京湾を測量してみて，忠敬の日本地図の正確さにおどろいたという。

時代 江戸《えど》時代

名前

井《い》伊《い》直《なお》弼《すけ》

生没年 1815年～1860年　出身地 滋賀県

関連人物

【吉田松陰《よしだしょういん》】 リンク 73ページ

【橋本左内《はしもとさない》】安政《あんせい》の大獄《たいごく》で処罰《しょばつ》される。
(1834年～1859年)

井伊直弼　(豪徳寺)

▶どんな人?

江戸幕府《ばくふ》の大老《たいろう》(臨時の最高職)となった**井伊直弼**は，朝廷《ちょうてい》の許しのないまま**日米修好通商《しゅうこうつうしょう》条約**を結び，反対派の大《だい》名《みょう》や公家《くげ》，武士などをきびしく処罰した。これを**安政の大獄**出るという。安政の大獄に怒《おこ》った水戸藩《みとはん》(茨城県)などの浪士《ろうし》(藩をやめた武士)らが，1860年江戸城の桜田門外《さくらだもんがい》で**井伊直弼**を暗殺した(**桜田門外の変《へん》**)。

▶どんな時代?

18世紀の終わりごろから，外国船がひんぱんに日本近海に接近するようになった。1854年には**日米和親《わしん》条約**が，1858年には**日米修好通商条約**が結ばれた出る。外国と結んだ不平等な条約だったため，政治や経済面での外国からの圧迫《あっぱく》が強まると，外国人を追い払《はら》えとする**攘夷《じょうい》論**と，天皇《てんのう》を敬《うやま》う思想の**尊王《そんのう》論**が結びついて，**尊王攘夷論**が高まっていった出る。

年	人物年表
1815年	近江《おうみ》国(滋賀県)で，彦根藩主《ひこねはんしゅ》の子として生まれる。
1850年	彦根藩主となる。
1858年	**大老**となる。
	徳川家茂《とくがわいえもち》を14代将軍に決定する。
	日米修好通商条約に調印する。
	安政の大獄を引きおこす(～1859年)。
1860年	**桜田門外の変**で暗殺される。

東京都世田谷《せたがや》区にある豪徳寺《ごうとくじ》は井伊家の菩提寺《ぼだいじ》で，井伊直弼の墓《はか》と，桜田門外の変でなくなった家来《けらい》の墓がある。井伊直弼の祖先の井伊直孝《なおたか》が雨に降られ，豪徳寺の門前に来ると，猫《ねこ》が手招《てまね》きするのでそちらに行くと，もといた場所に雷《かみなり》が落ちたという。直孝は猫に感謝し，豪徳寺を井伊家の菩提寺とした。また，豪徳寺は招き猫の発祥《はっしょう》の地ともいわれ，たくさんの招き猫が置かれている。

時代　江戸《えど》時代

名前　吉田松陰《よしだしょういん》

吉田松陰

生没年　1830年～1859年　出身地　山口県

関連人物

【井伊直弼《いいなおすけ》】 リンク 72ページ

【木戸孝允《きどたかよし》】長州藩《ちょうしゅうはん》出身。維新《いしん》の三傑《さんけつ》の１人。
（1833年～1877年）

吉田松陰　（山口県文書館）

▶どんな人？

吉田松陰は，1854年，下田《しもだ》でペリー艦《かん》隊《たい》の船に乗りこもうとして失敗し捕《とら》えられた。その後，藩《はん》の許しを得て**松下村塾**《しょうかそんじゅく》を開き，世界情勢や日本の実情などを教え，**高杉晋作**《たかすぎしんさく》・**伊藤博文**《いとうひろぶみ》・**木戸孝允**など幕末に活やくした多くの人材を教育した。幕府の外交政策を批判《ひはん》したため，**安政**《あんせい》**の大獄**《たいごく》**で処刑**《しょけい》された（出る）。

▶どんな時代？

幕府は1854年，アメリカ使節**ペリー**との間で**日米和親条約**を結び，1858年には**日米修好通商条約**を結んで開国した。しかし，国内では**尊王攘夷運動**《そんのうじょうい》がしだいに激《はげ》しくなっていった。大老《たいろう》**井伊直弼**《いいなおすけ》が幕府《ばくふ》の政策に反対する者を**安政の大獄**で処罰《しょばつ》すると，**桜田門外**《さくらだもんがい》**の変**《へん》で暗殺されるなど，社会の混乱が続いた（出る）。

年	人物年表
1830年	長門《ながと》国（山口県）で生まれる。
1851年	兵学実地《へいがくじっち》研究のため東北を旅行する。
1854年	下田（静岡県）でアメリカ船に乗りこもうとして失敗し，幕府に捕えられる。
	長州藩に送られる。
1857年	このころから藩の許しを得て私塾の**松下村塾**を開く。
1858年	日米修好通商条約に反対し，老中暗殺をくわだて，長州藩に捕えられる。
1859年	**安政の大獄**により，幕府の命令で江戸へ送られる。
	処刑される。

吉田松陰は西洋文明を学ぶため，日米和親条約《にちべいわしんじょうやく》締結のため再来日していたアメリカ船でアメリカに渡ろうしたが断られた。幕府の許可がないというのがその理由とされるが，松陰がひふ病にかかっていること知ったペリーが感染《かんせん》をおそれたという説もある。当時は鎖国下で，日本人が海外に行くことは固く禁止されていた。こののち，松陰は幕府に自首をする。ペリーは松陰の減刑を望んだといわれている。

時代　江戸《えど》時代

名前

ペリー《ぺりー》

生没年　1794年～1858年　出身地　アメリカ合衆国

ペリー　（ハリス記念館）

関連人物

【井伊直弼《いいなおすけ》】リンク 72ページ

【ハリス】アメリカ総領事《そうりょうじ》。日米修好通商《しゅうこうつうしょう》条約を締結《ていけつ》した。
（1804年～1878年）

▶どんな人？

ペリーは，アメリカ合衆国《がっしゅうこく》の東インド艦隊《かんたい》司令長官。1853年，４隻《せき》の軍艦《ぐんかん》（黒《くろ》船《ふね》）を率《ひき》いて琉球《りゅうきゅう》（沖縄県）に寄った後，６月に**浦賀《うらが》に来航**して，幕府《ばくふ》にアメリカ合衆国大統領《だいとうりょう》の国書を差し出して**開国を求めた**出る。幕府は，翌年《よくねん》返事をするとしたため，**1854年**１月にふたたび来航して，**日米和親《わしん》条約を結んだ**出る。

▶どんな時代？

18世紀の終わりごろから，通商を求め日本近海に外国船が現れるようになった。**アメリカ合衆国**は，日本を太平洋の捕《ほ》鯨《げい》の寄港地や，中国貿易の中継地《ちゅうけいち》にしたいと考えていて，**ペリー**は**開国**を強く求め，**1854年，日米和親条約を結んだ**。**ハリス**も貿易を要求し，**1858年，日米修好通商条約を結んだ**出る。これで日本の鎖国《さこく》は終わった。

年	人物年表
1794年	アメリカ合衆国で生まれる。
1852年	アメリカ合衆国の東インド艦隊司令長官となる。
1853年	軍艦４隻を率いて**浦賀**（神奈川県）に来航する。
1854年	７隻の軍艦を率いてふたたび来航し，**日米和親条約**を結ぶ。
1858年	なくなる。

▲ 黒船の来航　（黒船館）

ペリーが黒船を率いて浦賀（神奈川県）に来航すると，あわてた幕府は諸藩《しょはん》に命じて江戸湾《えどわん》沿岸に台場《だいば》（砲台《ほうだい》）をつくり，江戸湾の防備を固めさせた。このときの武士のあわてぶりは，「泰平《たいへい》の　ねむりをさます　上喜撰《じょうきせん》（蒸気船）　たった四杯《はい》で　夜もねられず」と狂歌にうたわれ，皮肉られた（上喜撰は高級なお茶のこと）。また，江戸の町人には，大勢で黒船見物に出かける人もいたといわれる。

年代暗記　日米和親条約を結ぶ…一夜越し《1854》２港をあけた和親条約

時代　江戸《えど》時代

名前　とくがわよしのぶ

徳川慶喜

生没年　1837年～1913年　出身地　茨城県

関連人物

【山内豊信《やまうちとよしげ》】前土佐藩主《とさはんしゅ》。大政奉還《たいせいほうかん》を進言する。
（1827年～1872年）

【岩倉具視《いわくらともみ》】リンク 81ページ

徳川慶喜　（久能山東照宮博物館）

▶どんな人？

徳川慶喜は，江戸幕府《えどばくふ》の15代将軍《しょうぐん》で，最後の将軍である。1866年に将軍職について，ヨーロッパ式の制度を取り入れて幕政《ばくせい》の改革《かいかく》を行ったが成功しなかった。**1867年，朝廷《ちょうてい》に政権を返し大政奉還を行った**。慶喜は**大政奉還**の後も，幕府の力をのこして新政権の中心になろうとしたが，実現しなかった。

▶どんな時代？

攘夷《じょうい》論を唱える薩摩《さつま》藩と長州《ちょうしゅう》藩は，外国の艦隊《かんたい》と砲撃《ほうげき》を交えたが，外国の強さを知らされ，**攘夷が不可能**なことを知った。そののち，**薩摩藩**と**長州藩**は**薩《さっ》長同盟《ちょうどうめい》**を結ぶなどして，協力して**倒幕《とうばく》運動を進めていった**。この動きのなかで，前土佐藩主山内豊信は**大政奉還**を進言し，**徳川慶喜**はこれを受け入れた。

年	人物年表
1837年	水戸《みと》藩主徳川斉昭《なりあき》の子として，江戸で生まれる。
1847年	一橋《ひとつばし》家を相続する。
1862年	将軍後見職《こうけんしょく》となる。
1866年	江戸幕府**15代将軍**となる。
1867年	**大政奉還**を行う。
	王政復古の大号令《だいごうれい》が出される。
1868年	鳥羽《とば》・伏見《ふしみ》の戦いから，
	戊辰《ぼしん》戦争が始まる（～1869年）。
1913年	なくなる。

▲ 大政奉還を伝える徳川慶喜　（聖徳記念絵画館）

薩摩藩と長州藩を中心とする倒幕運動が進められ，開国による経済の混乱や戦争，不作などが全国に広がった。このようななかで，前土佐藩主山内豊信は政権返上を進言した。徳川慶喜は，幕府の勢力を温存《おんぞん》したまま新政府内で実権をにぎろうとして大政奉還を行った。これを受理した朝廷は，王政復古の大号令を発して天皇《てんのう》中心の政治にもどることや幕府の廃止《はいし》を宣言したため，慶喜の計画はくずれてしまった。

年代暗記　大政奉還を行う…一《1》夜《8》む《6》な《7》しく大政奉還

出る率 19位

時代 江戸《えど》時代

名前

坂本龍馬《さかもとりょうま》

生没年 1835年～1867年　出身地 高知県

関連人物

【西郷隆盛《さいごうたかもり》】 リンク 80ページ

【勝海舟《かつかいしゅう》】戊辰《ぼしん》戦争で，江戸城《えどじょう》を無血開城《むけつかいじょう》する。
(1823年～1899年)

坂本龍馬　(国立国会図書館)

▶どんな人？

坂本龍馬は土佐藩《とさはん》(高知県)の出身で，脱藩《だっぱん》して**勝海舟**の門下生となり，神戸《こうべ》(兵庫県)の海軍操練所《かいぐんそうれんじょ》の設立に加わった。尊王攘夷《そんのうじょうい》運動から開国論にかわり，薩摩《さつま》藩と長州《ちょうしゅう》藩の**薩長同盟《ざっちょうどうめい》の仲介《ちゅうかい》**などをした。1867年には前土佐藩(高知県)主山内《やまうち》豊信《とよしげ》を動かして，**大政奉還《たいせいほうかん》を実現**させた出るが，その約１カ月後，中岡慎太郎《なかおかしんたろう》とともに京都で暗殺された。

▶どんな時代？

開国の影響《えいきょう》で物価が上がって，人々の生活は苦しくなり，一揆《いっき》や打ちこわしなどが増えていった。**薩摩藩**と長州藩は**薩長同盟**を結んで，**倒幕《とうばく》運動を進めていった**出る。そのなかで，前土佐藩主の山内豊信の進言を受けた15代将軍**徳川《とくがわ》慶喜《よしのぶ》**が**大政奉還**を行った出る。これによって，約260年続いた江戸幕府は滅亡《めつぼう》した。

年	人物年表
1835年	土佐藩(高知県)の郷士《ごうし》(身分の低い武士)の子として生まれる。
1853年	江戸に出て剣術《けんじゅつ》の修行をする(翌年《よくねん》，土佐に帰る)。
1861年	土佐勤王党《きんのうとう》に参加する。
1862年	土佐藩を脱藩し，江戸に出て**勝海舟**の門に入る。
1865年	長崎で**亀山社中《かめやましゃちゅう》**(後の**海援隊《かいえんたい》**)を設立し，貿易を始める。
1866年	**薩長同盟**の仲介をする。
1867年	前土佐藩主山内豊信を動かして，**大政奉還を実現**させる。
	京都で中岡慎太郎とともに暗殺される。

1867年5月26日，長崎から大阪に向かっていた海援隊のいろは丸と，長崎に向かっていた紀伊藩《きいはん》の軍艦明光丸《ぐんかんめいこうまる》が，瀬戸内海(現在の岡山県沖)で衝突《しょうとつ》し，その後いろは丸が積荷とともに沈没した。龍馬は，明光丸の航海日誌などをおさえ，「万国公法《ばんこくこうほう》」(国際法)によって紀伊藩側の過失を追及し賠償《ばいしょう》を要求した。事故から１か月後に紀伊藩が折れ賠償金を払った。これは日本初の海難審判《しんぱん》事故とされている。

キーワードで攻略

①勝海舟《かつかいしゅう》

[年代] 1823年～1899年

咸臨丸《かんりんまる》を指揮《しき》して太平洋を横断した後，神戸海軍《こうべかいぐん》操練所《そうれんじょ》を設立した。戊辰《ぼしん》戦争では，幕府《ばくふ》を代表して西郷隆盛《さいごうたかもり》と会談し，江戸城《えどじょう》を無血開城《むけつかいじょう》した。

②中岡慎太郎《なかおかしんたろう》

[年代] 1838年～1867年

土佐藩《とさはん》(高知県)出身。藩内で尊王攘夷《そんのうじょうい》運動に参加し，弾圧《だんあつ》されると脱藩《だっぱん》し活動した。龍馬《りょうま》とともに薩《さっ》長同盟《ちょうどうめい》を仲介した。陸援隊《りくえんたい》をつくり隊長となったが，1867年，京都で龍馬とともに暗殺された。

③海援隊《かいえんたい》

1865年，坂本龍馬《さかもとりょうま》を中心に長崎で亀山社中《かめやましゃちゅう》が結成され，海運業に従事しながら航海術をみがいた（社中とは会社という意味)。龍馬が脱藩を許されると，亀山社中は海援隊として活やくした。龍馬が暗殺された後に解散された。

④船中八策《せんちゅうはっさく》

坂本龍馬が，長崎から京都に向かう船の中で立案したとされる新国家のための体制論である。二院制の議会の開設，外国との平等な条約による外交，法典の制定，海軍拡張《かくちょう》，貨幣《かへい》の整備などを唱えた。

資料で攻略

◎薩長同盟

薩摩《さつま》藩と長州《ちょうしゅう》藩は，土佐藩(高知県)出身の坂本龍馬らの仲介で薩長同盟を結び，倒幕《とうばく》をめざす二大勢力が集結することになった。薩摩藩は長州藩の軍備拡張に協力し，長州藩は薩摩藩に米を送るなどの協力をし，倒幕運動を進めていった。

出題のポイント

倒幕勢力である２つの藩が協力し合ったことで，倒幕の動きがさらに高まったことをおさえよう。

▲ 海援隊（左から3番目が龍馬）

（高知県立坂本龍馬記念館）

漢字で攻略

坂本龍馬	坂本龍馬	
薩長同盟	薩長同盟	
大政奉還	大政奉還	

✓ ここだけチェック！ 重要年表

★安土桃山時代～江戸時代

人物	年代	できごと
ザビエル	1549年	鹿児島に上陸し，日本にキリスト教を伝える
今川義元《いまがわよしもと》	1560年	桶狭間《おけはざま》の戦いで**織田信長**に敗れる
織田信長《おだのぶなが》	1573年	将軍**足利義昭《あしかがよしあき》**を追放し，室町幕府をほろぼす
	1575年	長篠《ながしの》の戦いで武田氏を破る
	1582年	**明智光秀《あけちみつひで》**にそむかれ，自害する（本能寺《ほんのうじ》の変）
豊臣秀吉《とよとみひでよし》	〃	**明智光秀**をたおして**信長**の後継者となり，太閤検地《たいこうけんち》を始める
	1588年	刀狩《かたながり》を行う
	1590年	大阪城を本拠地に，全国統一を達成する
	1592年 1597年	2回にわたって朝鮮侵略を行う（文禄《ぶんろく》の役，慶長《けいちょう》の役）
徳川家康《とくがわいえやす》	1600年	関ヶ原《せきがはら》の戦いで**石田三成《いしだみつなり》**らを破る
	1603年	征夷大将軍《せいいたいしょうぐん》に任命され，江戸幕府を開く
	1615年	大阪夏の陣で豊臣氏をほろぼす
徳川家光《とくがわいえみつ》	1635年	参勤交代《さんきんこうたい》の制度を定める
	1637年	島原《しまばら》・天草一揆《あまくさいっき》がおこる
	1641年	鎖国《さこく》の体制を固める
徳川綱吉《とくがわつなよし》	1685年	このころ，生類憐《しょうるいあわれ》みの令を出す（以後，繰り返し発令）
近松門左衛門《ちかまつもんざえもん》	1703年	人形浄瑠璃《じょうるり》『曽根崎心中《そねざきしんじゅう》』が初演される
徳川吉宗《とくがわよしむね》	1716年	8代将軍になり，享保《きょうほう》の改革を始める
杉田玄白《すぎたげんぱく》	1774年	**前野良沢《まえのりょうたく》**らと『解体新書《かいたいしんしょ》』を出版する
松平定信《まつだいらさだのぶ》	1787年	老中となり，**田沼意次《たぬまおきつぐ》**の政治を改め，寛政《かんせい》の改革を始める
本居宣長《もとおりのりなが》	1798年	『古事記伝《こじきでん》』を完成させる
伊能忠敬《いのうただたか》	1821年	弟子たちが，「大日本沿海輿地全図《だいにほんえんかいよちぜんず》」を完成させる
歌川広重《うたがわひろしげ》	1833年	「東海道五十三次《とうかいどうごじゅうさんつぎ》」を発表する
水野忠邦《みずのただくに》	1841年	老中《ろうじゅう》として，天保《てんぽう》の改革を始める
ペリー	1853年	浦賀《うらが》（神奈川県）に来航，翌《よく》年再び来航し，日米和親条約《にちべいわしんじょうやく》を結ぶ
井伊直弼《いいなおすけ》	1858年	大老《たいろう》となり，日米修好通商条約《にちべいしゅうこうつうしょうじょうやく》に調印する
	〃	安政《あんせい》の大獄《たいごく》（～1859年）で，**吉田松陰《よしだしょういん》**らを処刑する
	1860年	江戸城の門外で暗殺される（桜田門外《さくらだもんがい》の変）
坂本龍馬《さかもとりょうま》	1866年	薩長同盟《さっちょうどうめい》の仲立ちをする
徳川慶喜《とくがわよしのぶ》	1867年	大政奉還《たいせいほうかん》を行う

明治時代～昭和時代

▶近・現代の日本

★この章の人物

明治～昭和時代

◎西郷《さいごう》隆盛《たかもり》

◎岩倉《いわくら》具《とも》視《み》

◎板垣《いたがき》退助《たいすけ》【第11位】

◎大隈《おおくま》重信《しげのぶ》

◎伊《い》藤《とう》博文《ひろぶみ》【第4位】

◎陸《む》奥《つ》宗光《むねみつ》【第18位】

◎福沢《ふくざわ》諭《ゆ》吉《きち》

◎夏《なつ》目《め》漱石《そうせき》

◎野《の》口《ぐち》英《ひで》世《よ》

◎犬養《いぬかい》毅《つよし》

◎与《よ》謝《さ》野《の》晶《あき》子《こ》

◎吉《よし》田《だ》茂《しげる》

時代　江戸《えど》～明治《めいじ》時代

名前

西郷隆盛《さいごうたかもり》

生没年　1827年～1877年　出身地　鹿児島県

西郷隆盛　（国立国会図書館）

関連人物

【大久保利通《おおくぼとしみち》】（1830年～1878年）　薩摩藩《さつまはん》出身。維新《いしん》の三傑《さんけつ》の１人。

【木戸孝允《きどたかよし》】（1833年～1877年）　長州《ちょうしゅう》藩出身。別名，桂小五郎《かつらこごろう》。維新の三傑の１人。

▶どんな人？

西郷隆盛は薩摩藩の出身で，1866年，**薩長同盟《さっちょうどうめい》**を結び，**倒幕《とうばく》運動**の指導者として活やくした。また，1868年におこった**戊辰《ぼしん》戦争**では新政府軍を指揮《しき》した。明治新政府では要職についたが，**征韓《せいかん》論争《ろんそう》に敗れ**て(朝鮮に開国を強くせまることを主張し，大久保利通らに退けられた)政府を去った。1877年，**西南戦争**をおこして敗れ，自害した。

▶どんな時代？

日米和親《わしん》条約・日米修好通商《しゅうこうつうしょう》条約を結んで開国すると，**尊王攘夷《そんのうじょうい》運動**が高まった。しかし，**薩摩藩**や**長州藩**を中心とする勢力は，外国との戦いで攘夷が不可能なことを知ると，倒幕運動へと変わった。こうして，**大政奉還《たいせいほうかん》**から戊辰戦争をへて**明治維新《いしん》**となり，倒幕運動で活やくした人たちは，明治新政府の要職についていった。

年	人物年表
1827年	薩摩《さつま》国(鹿児島県)で生まれる。
1854年	藩主島津斉彬《しまづなりあきら》に認められ，江戸《えど》に行く。
1858年	島津斉彬の死に絶望して，自殺をはかるが助かる。
1864年	禁門《きんもん》の変《へん》・**第一次長州戦争**で，幕府《ばくふ》側の指導者として活やくする(薩摩軍を率いる)。
1866年	**薩長同盟**を結ぶ。
1868年	**戊辰戦争**で，新政府軍を指揮して旧幕府軍と戦う。
1871年	明治新政府の高官(参議《さんぎ》)となり，**廃藩置県《はいはんちけん》を進める**。
1873年	**征韓論争に敗れ**，政府を去る。
1877年	**西南戦争**をおこして敗れ，自害する。

東京都の上野《うえの》公園を入ったところに，西郷の死の21年後，西郷隆盛が犬をつれた姿の銅像《どうぞう》がたてられた。この像の除幕式《じょまくしき》のとき，西郷隆盛夫人《ふじん》は，「夫《おっと》はこのような顔の人ではなかった。浴衣《ゆかた》で外に出るような人でもなかった。」とさけんだといわれる。西郷隆盛には写真が残っていないため顔がはっきりわからず，近親の人をモデルにしたためだったのではないかといわれている。

年代暗記　西南戦争がおこる…火花な《1877》がめる西南戦争

時代 江戸《えど》～明治《めいじ》時代

名前

岩倉具視《いわくらともみ》

生没年 1825年～1883年　出身地 京都府

関連人物

【大久保利通《おおくぼとしみち》】 リンク 80ページ

岩倉具視　（国立国会図書館）

▶どんな人?

岩倉具視は公家《くげ》(貴族《きぞく》)の出身で，幕末《ばくまつ》に公武合体政策《こうぶがったいせいさく》を唱えた。やがて，倒幕《とうばく》派の実力者に近づき，**大政奉還《たいせいほうかん》**の直後，**王政復古の大号令**を発することに成功した。明治新政府では要職につき，1871年，**岩倉使節団**の大使として，**大久保利通**・**木戸孝允《きどたかよし》**らとともに，欧米《おうべい》にわたった。

▶どんな時代?

岩倉具視が活やくした明治新政府の外交の課題は，不平等条約の改正と，清《しん》や朝鮮《ちょうせん》との国交の再開だった。清とは1871年に国交を開いた。

条約改正の下交渉の失敗で**内政の充実**の必要性を感じた岩倉らは，帰国後，朝鮮を武力で開国させようとする**征韓論《せいかんろん》**を退けた。3年後，武力を背景に朝鮮にとって不平等な条約を結び国交を開いた。

年	人物年表
1825年	公家の子として生まれる。
1854年	孝明天皇《こうめいてんのう》に仕える。
1858年	日米修好通商《しゅうこうつうしょう》条約の締結《ていけつ》に反対する。
1867年	**王政復古の大号令**を出させる。
1871年	**廃藩置県《はいはんちけん》**を断行する。
	岩倉使節団の大使として，欧米に渡る。
1873年	**征韓論**を退けて，内政の充実に努める。
1883年	なくなる。

▲欧米視察に出発する岩倉使節団　（聖徳記念絵画館）

明治新政府は，廃藩置県の直後，岩倉具視を大使とし，大久保利通・木戸孝允らを副使とする使節団を，アメリカ合衆国《がっしゅうこく》やヨーロッパに派遣した。この目的は，幕末に結んだ不平等条約改正の下交渉《したこうしょう》と，欧米の進んだ政治・社会・産業などを視察することだった。不平等条約の改正は，日本は法律がまだ整っていないことを理由に相手にされず，岩倉らは国内政治の充実の必要を痛感して帰国した。

年代暗記　廃藩置県が行われる…県令《けんれい》派遣で藩とはいわない《1871》

出る率 11位

時代 明治《めいじ》時代

名前

板垣退助《いたがきたいすけ》

生没年 1837年～1919年 出身地 高知県

関連人物

【大隈重信《おおくましげのぶ》】 リンク 83ページ

【伊藤博文《いとうひろぶみ》】 リンク 84ページ

板垣退助　（国立国会図書館）

▶どんな人？

板垣退助は土佐藩《とさはん》(高知県)の出身で，**戊辰《ぼしん》戦争**で活やくしたあと，明治新政府の要職についた。1873年，**西郷隆盛《さいごうたかもり》**らと**征韓論《せいかんろん》**を主張し，敗れると政府を去った。1874年，国会開設を求める**民撰《みんせん》(選)議院設立の建白書《けんぱくしょ》**を政府に提出し，これが**自由民権運動**の口火となった。板垣は故郷《こきょう》の高知で**立志社《りっししゃ》**を結成して運動を進めた。1881年には，**自由党**を結成した。

▶どんな時代？

明治政府は薩摩《さつま》藩や長州《ちょうしゅう》藩の出身者が中心になり，専制的な**藩閥《はんばつ》政治**を行っていた。これに対し，国会を開いて国民の政治参加などを要求する**自由民権運動**がおこった。運動が高まる中，1881年，政府は国会開設の**勅諭《ちょくゆ》**を出して1890年に国会を開くことを約束した。国会開設にそなえ，板垣退助や大隈重信は政党を結成，政府は**内閣制度《ないかく》**を整えた。

年	人物年表
1837年	土佐藩(高知県)士の子として生まれる。
1868年	戊辰戦争に新政府軍側で参戦し，会津《あいづ》戦争で功績をあげる。
1871年	新政府の高官(参議《さんぎ》)になる。
1874年	**民撰(選)議院設立の建白書**を政府に提出する。
	高知に帰り，**立志社**を結成する。
1881年	**自由党**を結成する。
1896年	伊藤博文内閣《ないかく》の内務《ないむ》大臣(地方行政や警察担当)となる。
1898年	大隈重信内閣の内務大臣となる。
1919年	なくなる。

▲自由民権派の演説会
（東京大学法学部附属明治新聞雑誌文庫）

1882年，板垣退助が，岐阜《ぎふ》で自由民権運動の演説会を開いたときのことである。演壇《えんだん》の板垣退助を短刀《たんとう》を持った暴漢《ぼうかん》が襲《おそ》い，重傷《じゅうしょう》を負わせた。暴漢はすぐにとりおさえられたが，このとき板垣は，「板垣死すとも自由は死せず」といったとされている。しかし，板垣は後に，このときの状況を「あっと思うばかりで声が出なかった」と述べている。この板垣のことばは，側近《そっきん》の人物の創作だったといわれている。

年代暗記　民撰(選)議院設立の建白書が出される…い《1》や《8》な《7》世《4》直せと建白書

時代　明治《めいじ》時代

名前

大隈重信《おおくましげのぶ》

生没年　1838年～1922年　出身地　佐賀県

関連人物

【板垣退助《いたがきたいすけ》】 リンク 82ページ

【伊藤博文《いとうひろぶみ》】 リンク 84ページ

大隈重信　（国立国会図書館）

▶どんな人？

大隈重信は明治新政府の外交や経済などの面で活やくした。1881年，伊藤博文らと意見が対立して辞職《じしょく》し，1882年，**立憲改進党《りっけんかいしんとう》**を結成した。1898年には，**板垣退助**と内閣《ないかく》を組織した（**日本初の政党内閣**）。第一次世界大戦に日本が参戦すると，内閣総理大臣だった重信は中国に**二十一か条の要求**をつきつけた。現在の早稲田《わせだ》大学の創立者。

▶どんな時代？

自由民権運動から，**大日本帝国憲《ていこくけん》法《ぽう》**の発布や**国会の開設**などをへて，日本の近代化が進んだ。**日露《にちろ》戦争**に勝つと，大国意識が生まれ，日本はアジア諸国への優越感《ゆうえつかん》を持つようになった。**第一次世界大戦**が始まると，日本政府はこれを好機ととらえ，これに参戦して中国での利権《りけん》を拡大しようとした。

年	人物年表
1838年	肥前《ひぜん》藩（佐賀県）士の子として生まれる。
1870年	明治新政府の高官（参議《さんぎ》）に就任《しゅうにん》する。
1881年	伊藤博文らと意見が対立して辞職する。
1882年	**立憲改進党**を結成する。
	東京専門学校（現在の早稲田大学）を創設する。
1898年	**内閣**を組織し，内閣総理大臣となる。
1914年	２度目の内閣総理大臣となる。
1915年	中国に**二十一か条の要求**をつきつける。
1922年	なくなる。

薩摩《さつま》藩出身の開拓使《かいたくし》長官黒田清隆《くろだきよたか》は，多額の費用を投じた北海道開拓使の施設《しせつ》を，同郷《どうきょう》の商人（五代友厚《ごだいともあつ》）が関係する商社に，わずかな価格で払い下げようとしたが，世論の批判を受けて取りやめた。この事件は開拓使官有物《かんゆうぶつ》払い下げ事件とよばれ，大隈重信はこれに反対したこともあって，1881年，辞職させられた（明治14年の政変）。この事件をきっかけに，自由民権派の政府攻撃《こうげき》がいっそう強くなった。

出る率 4位

時代 明治時代《めいじじだい》

名前

伊藤博文《いとうひろぶみ》

生没年 1841年～1909年　出身地 山口県

関連人物

【大久保利通《おおくぼとしみち》】リンク 80ページ

【陸奥宗光《むつむねみつ》】リンク 86ページ

伊藤博文　（国立国会図書館）

▶どんな人？

伊藤博文は，長州藩《ちょうしゅうはん》(山口県)の出身で，**木戸孝允《きどたかよし》**にしたがって倒幕《とうばく》運動に参加した。明治新政府では，憲法《けんぽう》調査のためにヨーロッパに行き，**ドイツの憲法を参考に大日本帝国《ていこく》憲法の草案(原案)を作成**した。また，**初代内閣《ないかく》総理大臣**となり，**枢密院《すうみついん》**(天皇《てんのう》の相談にこたえる機関)**議長**や**韓国統監《かんこくとうかん》**もつとめたが，1909年，韓国の独立運動家に射殺《しゃさつ》された。

▶どんな時代？

明治政府は1890年に国会を開く約束をしていたため，憲法制定など政治制度の整備を進めていた。**大日本帝国憲法**の制定で，日本は憲法と議会をそなえた**アジアで初めての立憲君主国**となった。

このころ，欧米《おうべい》では資本主義が急速に発展し，列強が経済力と軍事力を背景に，植民地化を進めながら世界に進出する**帝国主義**が広まっていった。

年	人物年表
1841年	長州藩(山口県)の農家の子として生まれる。
1857年	吉田松陰《よしだしょういん》の松下村塾《しょうかそんじゅく》(山口県)で学ぶ。
1871年	**岩倉《いわくら》使節団**の副使として欧米を視察する。
1881年	大隈重信《おおくましげのぶ》を政府から追放し，政治の主導権をにぎる。
1882年	憲法調査のためヨーロッパに行く。
1885年	**内閣制度**を創設し，**初代内閣総理大臣**となる。
	この間に，**大日本帝国憲法の草案を作成**する。
1894年	日清《にっしん》戦争を強行する。
1906年	**初代韓国統監**(日本が韓国に設置した統監府の長官)となる。
1909年	中国のハルビンで韓国の独立運動家に殺される。

1909年10月26日，満州(中国東北部)のハルビン駅で，韓国統監を辞職《じしょく》したばかりの伊藤博文が韓国の独立運動家安重根《アンジュングン》《あんじゅうこん》に射殺された。伊藤は，死の直前「ばかなやつめ」とつぶやいたといわれる。日本の高官の伊藤博文を襲《おそ》えば，「日本が一気に韓国を植民地化してしまう」ことがわかっていたからだ。翌年の1910年，日本は韓国併合《かんこくへいごう》を強行し植民地にした。伊藤は，韓国併合に反対だったといわれている。

年代暗記　大日本帝国憲法を制定する…い《1》ち早《88》く《9》制定 帝国憲法

キーワードで攻略

①内閣制度《ないかく》

1885年，太政官《だじょうかん》制を廃止《はいし》して行政を担当する内閣制度がつくられた。初代内閣総理大臣には伊藤博《いとうひろ》文《ぶみ》が就任《しゅうにん》した。内閣の仕事の中心は，天皇《てんのう》を助けることで，議会に対する責任は明確にはされなかった。

②枢密院《すうみついん》

枢密院は，大日本帝国憲法《ていこくけんぽう》下で憲法などの重要な問題について天皇の諮問《しもん》にこたえる機関として，1888年に設置された。初代枢密院議長は伊藤博文で，天皇も臨席《りんせき》して憲法の審議が行われた。

③帝国議会

貴族院《きぞくいん》は皇族《こうぞく》や華族《かぞく》の代表，天皇の任命した者，高額納税者などで構成され，衆議院は国民の選挙で選ばれた300人の議員で構成された。1890年に行われた最初の衆議院議員総選挙では，自由民権《じゆうみんけん》運動の流れをくむ野党《やとう》(民党《みんとう》)の議員が多数をしめた。

④韓国併合《かんこくへいごう》

日露《にちろ》戦争後，日本は韓国を保護国《ほごこく》としていたが，初代韓国統監《とうかん》伊藤博文が射殺された事件をきっかけに1910年韓国併合を強行。朝鮮総督府《そうとくふ》を置いて植民地支配をおしすすめた。

資料で攻略

◎大日本帝国憲法発布

大日本帝国憲法の草案作成の中心となったのは伊藤博文であった。大日本帝国憲法では，主権は天皇にあった。帝国議会は天皇を助けるもので，衆議院と貴族院で構成されていた。衆議院議員の選挙権所有者は，１年に直接国税を15円以上納める満25歳以上の男子に限られた。

出題のポイント

絵のなかで，天皇が内閣総理大臣に手渡しているのが大日本帝国憲法である。このことから，主権が天皇にあることを理解しよう。

▲ 大日本帝国憲法発布式典　(聖徳記念絵画館)

漢字で攻略

伊藤博文	伊藤博文	
枢密院	枢密院	
韓国併合	韓国併合	

問題　別冊《べっさつ》14ページ⑬

出る率 18位

時代 明治時代《めいじじだい》

名前

陸奥宗光《むつむねみつ》

生没年 1844年～1897年　出身地 和歌山県

関連人物

【伊藤博文《いとうひろぶみ》】 リンク 84ページ

【小村寿太郎《こむらじゅたろう》】 関税自主権の回復に成功する。
(1855年～1911年)

陸奥宗光　（国立国会図書館）

▶どんな人?

陸奥宗光は和歌山県出身で，幕末は**坂本龍馬《さかもとりょうま》**の海援隊《かいえんたい》(貿易会社)に参加した。そののち，明治新政府の一員となり，**伊藤博文**内閣《ないかく》の外務《がいむ》大臣として，1894年，イギリスと交渉《こうしょう》し，**領事裁判権《りょうじさいばんけん》(治外《ちがい》法権《ほうけん》)の撤廃《てっぱい》**に成功出るした。日清《にっしん》戦争後の下関《しものせき》講和会議には**伊藤博文とともに日本側の代表となり，下関条約を結んだ**出る。

▶どんな時代?

大日本帝国《ていこく》憲法が制定されて，日本は**アジアで初めての立憲君主国**となった。日清・日露《にちろ》戦争に勝って国際的地位が認められると，関税自主権もふくめた不平等条約の改正を達成して，欧米《おうべい》諸国と対等な立場に立つようになった出る。こののち日本は，朝鮮《ちょうせん》半島を勢力下に置いて植民地とするとともに，中国への進出をめざして勢力をのばしていった。

年	人物年表
1844年	紀伊藩《きいはん》(和歌山県)の武士の子として生まれる。
1867年	脱藩《だっぱん》して**坂本龍馬の海援隊に参加**する。
1868年	外国事務局に入る。
1883年	1886年まで欧米に留学する。
1892年	**伊藤博文内閣の外務大臣**となる。
1894年	イギリスとの間で**領事裁判権の撤廃に成功**する。
1895年	下関講和会議で伊藤博文とともに**下関条約**を結ぶ。
1897年	なくなる。

1886年，イギリス船ノルマントン号が和歌山沖《おき》で沈没《ちんぼつ》し，イギリス人船員は全員助かったが，日本人乗客は全員死亡《しぼう》した(ノルマントン号事件)。この事件を裁いたイギリス領事は，最初船長を無罪《むざい》にした。これに対して，国民の間には怒《いか》りの声が広がり，領事裁判権撤廃を求める動きが高まった。この8年後，外務大臣陸奥宗光がイギリスとの間で領事裁判権の撤廃に成功した。

年代暗記　領事裁判権の撤廃に成功する…い《1》ちば《8》ん苦《9》心《4》の領事裁判権撤廃

キーワードで攻略

①下関条約

日清《にっしん》戦争の講和条約。清は朝鮮《ちょうせん》の独立を認め，遼東《リアオトン》《りょうとう》半島，台湾《たいわん》などを日本にゆずり，２億両《テール》(約３億1000万円)の賠償金《ばいしょうきん》を日本に支払《しはら》うことなどが決められた。

②三国干渉《さんごくかんしょう》

中国への南下《なんか》政策を進めていたロシアがフランスとドイツをさそい,日本が日清戦争に勝利して得た遼東半島の返還《へんかん》を求めてきた。対抗する力のなかった日本は受け入れた。これをきっかけに,国民の間ではロシアへの反感が高まり,政府は軍備の増強に努めた。

③領事裁判権《りょうじさいばんけん》(治外法権《ちがいほう》)

日本で罪《つみ》を犯《おか》した外国人を日本の法律では裁けず,その国の領事が裁判する権利。外務《がいむ》大臣陸奥宗光《むつむねみつ》が,1894年にイギリスとの間で撤廃に成功し,そののち,修好通商《しゅうこうつうしょう》条約を結んでいるアメリカ合衆国《がっしゅうこく》など各国との間で撤廃《てっぱい》していった。

④関税自主権

輸出入品にかける関税(税金)の率を自主的に決める権利のことで，日本にはこの権利がなかった。1911年，外務大臣小村寿太郎《こむらじゅたろう》が，アメリカ合衆国との間で，関税自主権の回復に成功した。

◎不平等条約の改正

江戸《えど》時代の末期に結ばれた修好通商条約は，日本にとって不平等な条約だった。明治政府(外務卿井上馨《がいむきょういのうえかおる》)は，外国人を鹿鳴館《ろくめいかん》に招《まね》いて舞踏会《ぶとうかい》を行い，日本が近代国家であることをしめして，条約改正を進めようとした。しかし，このようなことで諸外国は動かず，日本が国力をつけるしかなかった。

出題のポイント

領事裁判権と関税自主権の意味や，２つの不平等条約の改正に成功した人物と，条約改正に成功した当時の国際情勢をおさえておこう。

資料で攻略

▲ 鹿鳴館の舞踏会　　(味燈書屋)

漢字で攻略

陸奥宗光	陸奥宗光	
領事裁判権	領事裁判権	
関税自主権	関税自主権	

問題　別冊《べっさつ》14ページ13

時代 明治《めいじ》時代

名前 ふくざわゆきち

福沢諭吉

生没年 1834年～1901年 出身地 大分県

関連人物

【大隈重信《おおくましげのぶ》】 リンク 83ページ 現在の早稲田《わせだ》大学を創設する。

福沢諭吉 （国立国会図書館）

▶どんな人？

豊前《ぶぜん》国（大分県）中津藩《なかつはん》の大阪の蔵屋敷で生まれた。長崎や大阪で蘭学《らんがく》を学び，幕府《ばくふ》の使節に従って3度欧米《おうべい》にわたって見聞を広めた。『西洋事情』や**『学問のすゝ《ず》め』**を著して西洋の近代思想を紹介《しょうかい》し，**人間の平等や学問の大切さ**を説いた。1858年，**慶応義塾《けいおうぎじゅく》**（現在の慶應義塾大学）を創設した。

▶どんな時代？

明治時代になると，欧米《おうべい》の文化が急速に流入し，大都市でくらす人々の風俗や衣食住などが大きく変化した。これを**文明開化**とよんでいる。**福沢諭吉**のほか，**中江兆民《なかえちょうみん》**がルソーの『社会契約論《けいやくろん》』を翻訳《ほんやく》した『**民約訳解《みんやくやっかい》**』で人権の尊重を説くなど，欧米の新しい思想が紹介された。また，1870年には日本で最初の日刊新聞が発行された。

年	人物年表
1834年	中津《なかつ》藩（大分県）の下級武士の子として，大阪で生まれる。
1854年	長崎に遊学して蘭学を学ぶ。
1855年	大阪の緒方洪庵《おがたこうあん》の適塾《てきじゅく》で蘭学を学ぶ。
1858年	江戸《えど》で蘭学塾を開く。のちに，英学塾となる。
1860年	幕府の使節に従ってアメリカにわたる。
1862年	ヨーロッパを見聞する。
1866年	**『西洋事情』**を出版する。
1868年	英学塾を，**慶応義塾**（現在の慶應義塾大学）と命名する。
1872年	**『学問のすゝめ』**を著す。
1901年	なくなる。

1868年，新政府軍と旧幕府軍が戦った戊辰《ぼしん》戦争のなか，慶応義塾での授業が始まった。教室にも大砲《たいほう》の音が聞こえたが，諭吉は心配する塾生を励ましながらいつも通りの授業をした。「戦争のなかでも，将来の日本を思えば学問を中断することはできない」と考えたのだ。また，諭吉は著書で，英語を訳して，当時はなかった日本語（文明開化・動物園・経済など）をつくり，紹介している。

時代 明治《めいじ》時代

名前

夏目漱石《なつめそうせき》

生没年 1867年～1916年　出身地 東京都

関連人物

【正岡子規《まさおかしき》】(1867年～1902年) 写生《しゃせい》にもとづく俳句《はいく》・短歌をよんだ。

【森鷗外《もりおうがい》】(1862年～1922年) 軍医，小説家。『舞姫《まいひめ》』『阿部一族《あべいちぞく》』など。

夏目漱石　(国立国会図書館)

▶どんな人？

夏目漱石は，近代日本を代表する文学者(小説家)である。東京大学を卒業後，愛媛県の松山《まつやま》中学の英語教師となり，**正岡子規**と交友を深めた。1900年にイギリスに留学し，帰国後，**『吾輩《わがはい》は猫《ねこ》である』，『坊《ぼ》っちゃん』などを執筆**した。漱石は，重い病気で死を強く意識してからは，人間の内面をより深く掘り下げた作品(『こころ』など)を著《あらわ》している。

▶どんな時代？

明治時代になると，日本の文学の傾向は**写実主義**から**ロマン主義**(人間の個性を重んじる)，**自然主義**(社会の現実を直視する)へと移っていった。いっぽう，夏目漱石や森鷗外はこれらの傾向に属さず，独自の文学活動を行った。**森鷗外**は西洋文学の翻訳を行い，のちに歴史小説も手がけた。

年	人物年表
1867年	東京で生まれる。
1895年	愛媛県の松山中学の英語教師となる。
1896年	第五高等学校(現在の熊本大学)の英語教師となる。
1900年	文部省の留学生としてイギリスに留学する。
1903年	東京帝国大学(現在の東京大学)で英文学を教える。
1905年	この年，**『吾輩は猫である』**を発表する。
	以後，**『坊っちゃん』**・『草枕《くさまくら》』・『三四郎《さんしろう》』など多くの作品を次々に発表する。
1907年	朝日《あさひ》新聞社に入社する。
1916年	なくなる。

夏目漱石は病弱であった。イギリスのロンドンに留学してからは精神疾患《しっかん》(うつのような状態と考えられる)となり，そのほかにも肺結核《はいけっかく》・糖尿病《とうにょうびょう》など多数の病気をかかえ，胃潰瘍《いかいよう》はとうとう命取りになってしまった。作品の中にも『吾輩は猫である』の苦沙弥《くしゃみ》先生は胃が弱く，『明暗《めいあん》』という小説では病院の診察《しんさつ》の場面から始まる。また，「秋風やひびの入《い》りたる　胃の袋《ふくろ》」のように病気を題材にした俳句《はいく》もみられる。

時代　明治《めいじ》～昭和《しょうわ》時代

名前

野《の》口《ぐち》英《ひで》世《よ》

生没年　1876年～1928年　出身地　福島県

関連人物

【北里柴三郎《きたさとしばさぶろう》】ペスト菌《きん》，破傷風血清療法《はしょうふうけっせいりょうほう》を発見する。
（1852年～1931年）

野口英世　（国立国会図書館）

▶どんな人？

野口英世は，子どものころにしたやけどで動かなかった手が，手術で動くようになったことから，医学の道に進む決意をした。**北里柴三郎**の伝染病研究所で学び，アメリカ合衆国《がっしゅうこく》にわたって，梅《ばい》毒《どく》や蛇毒《へびどく》の研究を行って成果をあげた。そののち，**黄熱病《おうねつびょう》**の研究のためにわたったアフリカのガーナで，研究中に**黄熱病に感染《かんせん》**してなくなった。

▶どんな時代？

明治政府は，外国からすぐれた技術者や教育者を多く招いて，日本人を指導させた。さらに教育制度を整備し，はじめは28％だった就学率も30年あまりあとの1907年には97％に達し，国民の教育水準は急速に高まった。国内の科学もめざましく発達し，医学では**野口英世**のほか，**北里柴三郎**や**志《し》賀《が》潔《きよし》**らが世界的な研究を行った。

年	人物年表
1876年	福島県で生まれる。
1878年	いろりに落ちて左手に大やけどをする。
1896年	医師免許を取るため，東京に行く（翌年《よくねん》合格）。
1898年	伝染病研究所の助手となる。
1900年	アメリカにわたり，蛇毒の研究を行う。
1904年	アメリカのロックフェラー医学研究所所員となる。
1911年	梅毒の病原菌の培養《ばいよう》に成功する。
1928年	アフリカで**黄熱病**の研究中に感染してなくなる。

野口英世は福島県の現在の猪苗代《いなわしろ》町で生まれたが，２歳のときいろりに落ちて左手を大やけどしてしまった。左手が不自由になり農作業に向かなかったために，母から学問で身を立てるようにすすめられた。小学校で書いた，不自由な左手をなげく作文が同級生らの同情をさそい，手術のための募金《ぼきん》が行われた。手術の結果，英世の左手は不自由ながらも動くようになり，これをきっかけに医師をめざすことを決意した。

時代　明治《めいじ》～昭和《しょうわ》時代

名前

犬養《いぬかい》 毅《つよし》

生没年　1855年～1932年　出身地　岡山県

関連人物

【加藤高明《かとうたかあき》】（1860年～1926年）　犬養毅らと護憲三派内閣《ごけんさんぱないかく》を組織する。

【尾崎行雄《おざきゆきお》】（1858年～1954年）　政党政治の確立に努力した政治家。

犬養 毅　（国立国会図書館）

▶どんな人？

犬養毅は**藩閥《はんばつ》政治**に強く反対し，また，**尾崎行雄**らとともに政党政治をめざす護憲運動を進めた。1931年に立憲政友会《りっけんせいゆうかい》内閣を組閣して内閣総理大臣となる。翌年《よくねん》の1932年５月15日，**満州国承認《まんしゅうこくしょうにん》に反対**の態度をとったとして，**海軍の青年将校《しょうこう》らに射殺《しゃさつ》された**（**五《ご》・一《いち》五《ご》事件**）出る。これによって，約８年間続いた政党政治は終わった。

▶どんな時代？

金融恐慌《きんゆうきょうこう》，世界恐慌と続き，深刻な不景気を打開するため「**日本の生命線である満州**（大陸）に積極的に進出すべき」という考えが軍部を中心に広がった。そのようななか，政党政治に不満をもつ青年将校らが軍部政権をめざし，**五・一五事件**，ついで**二《に》・二《に》六《ろく》事件**をおこした。この結果，軍部の政治的発言力が強まり，**議会は無力化**した出る。

年	人物年表
1855年	岡山県の武士の子として生まれる。
1882年	大隈重信《おおくましげのぶ》の立憲改進党《かいしんとう》の結成に加わる。
1890年	第１回衆議院議員総選挙で当選する。そののち17回連続当選する。
1898年	大隈重信内閣で文部大臣となる。
1912年	尾崎行雄らと第一次護憲運動を起こす。
1924年	加藤高明内閣で大臣となり，普通選挙法の成立に努力した。
1929年	立憲政友会《せいゆうかい》総裁となる。
1931年	**内閣総理大臣**となる。
1932年	**五・一五事件で射殺**される。

1932年５月15日，軍中心の政治を求める海軍の青年将校らの一団が首相官邸を襲って，政党政治家の犬養毅首相を射殺した。このとき銃《じゅう》を向けられた犬養毅は，青年将校に「待て，話せばわかる。」と何度も言ったが，青年将校たちは「問答無用《もんどうむよう》」といって引き金を引いた。撃たれたあとも，犬養は青年将校らを説得しようとしていたという。こうして1924年から続いた政党政治は終わった。

年代暗記　五・一五事件がおこる…いくさに《1932》進む五・一五

時代　明治《めいじ》〜昭和《しょうわ》時代

名前

与《よ》謝《さ》野《の》晶《あき》子《こ》

生没年　1878年〜1942年　出身地　大阪府

関連人物

【与謝野鉄幹《てっかん》】与謝野晶子の夫《おっと》。歌人・詩人。
(1873年〜1935年)

【平塚《ひらつか》らいてう《ちょう》】『青鞜《せいとう》』を創刊。新婦人協会を設立した。
(1886年〜1971年)

与謝野晶子　(国立国会図書館)

▶どんな人?

大阪府の出身でロマン主義の詩人。与謝野鉄幹の新詩社《しんししゃ》に参加し，雑誌『明《みょう》星《じょう》』で才能を認められた。大恋愛《れんあい》の末に与謝野鉄幹と結婚《けっこん》し，その経緯《けいい》を中心とした短歌を集めて歌集**『みだれ髪《がみ》』**を出版した。日露《にちろ》戦争中，戦場にいる弟の身を心配して，**「君死《きみし》にたま《も》ふ《う》ことなかれ」**という戦争に反対する気持ちを詩にして発表した。

▶どんな時代?

自分の自由な感情を重視する**ロマン主義**の文学は，日清《にっしん》戦争のころから広まった。ロマン主義の文学者として，**与謝野晶子**のほか，『たけくらべ』などを発表した作家の**樋口一葉《ひぐちいちよう》**，『若菜集《わかなしゅう》』という詩集を発表した**島崎藤村《しまざきとうそん》**らがいる。

日露戦争後，文学の中心は，社会のみにくい面もそのままえがこうとする**自然主義**の文学へと移っていった。

年	人物年表
1878年	大阪府堺の商家に生まれる。
1900年	与謝野鉄幹と知り合う。
1901年	東京に出て，与謝野鉄幹と結婚する。
	同年，歌集『みだれ髪』を出版する。
1904年	「君死にたまふことなかれ」を発表する。
1906年	このころから小説・童話などを出版するようになる。
1911年	『青鞜』(女性の文芸誌)の創刊号に詩を寄せる。
1942年	なくなる。

1904年に日露戦争が開戦し，旅順《リュイシュン》《りょじゅん》港を攻撃《こうげき》する包囲軍《ほういぐん》のなかに与謝野晶子の弟がいた。晶子が弟の身を案じて「君死にたまふことなかれ」の詩を発表すると，多くの批判がよせられた。それに対し，晶子は『明星』に「ひらきぶみ」を発表した。そのなかで，「死ねよ，死ねよということのほうがかえって危険で，女というものは，だれもが戦争ぎらいである。」といいきった。

年代暗記　日露戦争がおこる…1《1》つく《9》れ《0》よ《4》と日露戦争

時代 昭和時代《しょうわじだい》

名前

吉田《よしだ》 茂《しげる》

生没年 1878年～1967年 出身地 東京都

吉田 茂

関連人物

【鳩山一郎《はとやまいちろう》】(1883年～1959年) 1954年，内閣《ないかく》総理大臣。吉田茂と対立する。

【マッカーサー】(1880年～1964年) 連合国軍の日本占領の最高司令官。

▶どんな人？

第二次世界大戦前は，**吉田茂**はイギリス大使などをつとめた。戦後，1954年までの間に5回内閣を組織。1946年に**日本国憲法《けんぽう》**を公布，1950年に**警察予備隊《けいさつよびたい》**を創設した。1951年，全権として48か国と**サンフランシスコ平和条約**を結び，日本は独立を回復した。同時に**日米安全保障《ほしょう》条約**に調印した。

▶どんな時代？

ポツダム宣言を受諾《じゅだく》して降伏《こうふく》した日本は連合国軍に占領され，アメリカの**マッカーサー**を最高司令官とする**連合国軍最高司令官総司令部(GHQ《ジーエイチキュー》)**が東京に置かれた。GHQの指令で，**日本国憲法**を制定するなど民主化を進めた。冷戦が始まると占領政策が転換され，日本は独立し，1956年には**国際連合への加盟**も認められ，国際社会に復帰した。

年	人物年表
1878年	東京で生まれる。
1906年	外務省に入る。
1936年	イギリス大使となる。
1945年	第二次世界大戦後，外務大臣となる。
1946年	**内閣総理大臣**となる。以後，第5次まで
	内閣を組織する。
1950年	**警察予備隊**を創設する。
1951年	**サンフランシスコ平和条約**，**日米安全保障条約**を結ぶ。
1967年	なくなる。

▲ サンフランシスコ平和条約の調印

(共同通信社)

1953年の衆議院予算委員会で，内閣総理大臣・吉田茂が社会党議員との質疑応答《しつぎおうとう》中に「バカヤロー」と言った。直後に吉田は発言を取り消したが，これが原因となって内閣不信任案が可決されてしまった。この「バカヤロー」，吉田が小声で言ったことをマイクがひろってしまったという。数日後，吉田は「これからもちょいちょい失言をするかもしれないが，よろしく」とスピーチを行った。

年代暗記 サンフランシスコ平和条約を結ぶ…ひ《1》どく《9》強《5》引《1》シスコの条約

✓ ここだけチェック！ 重要年表

★明治時代～昭和時代

人物	年代	できごと
岩倉具視《いわくらともみ》	**1871年**	岩倉使節団《いわくらしせつだん》の全権大使として，欧米《おうべい》に渡る
福沢諭吉	**1872年**	『学問のすゝ《(す)》め』を出版する
西郷隆盛《さいごうたかもり》	**1873年**	征韓論争《せいかんろんそう》に敗れ，**板垣退助《いたがきたいすけ》**らと明治政府を去る
	1877年	西南《せいなん》戦争で敗れ，自害する
板垣退助	**1874年**	民撰議院《みんせんぎいん》設立の建白書を提出，高知で立志社《りっししゃ》を結成する
	1881年	国会開設の勅諭《ちょくゆ》が出される
	〃	自由党《じゆうとう》を結成し，党首となる
	1882年	憲法調査のため，**伊藤博文《いとうひろぶみ》**がヨーロッパへ渡る
大隈重信《おおくましげのぶ》	〃	立憲改進党《りっけんかいしんとう》を結成し，党首となる
	〃	東京専門学校（現在の早稲田《わせだ》大学）を創設する
伊藤博文	**1885年**	内閣《ないかく》制度を創設し，初代内閣総理大臣《ないかくそうりだいじん》となる
陸奥宗光《むつむねみつ》	**1894年**	イギリスとの間で領事裁判権《りょうじさいばんけん》の撤廃に成功する
	〃	日清《にっしん》戦争が始まる（～1895年）
	1895年	**伊藤博文**ともに全権として下関《しものせき》条約を結ぶ
与謝野晶子《よさのあきこ》	**1901年**	『みだれ髪《がみ》』を出版する
	1904年	日露《にちろ》戦争が始まる（～1905年）
	〃	「君死にたまふ《(う)》ことなかれ」を『明星《みょうじょう》』に発表する
夏目漱石《なつめそうせき》	**1905年**	『吾輩《わがはい》は猫《ねこ》である』を発表する
伊藤博文《いとうひろぶみ》	**1906年**	初代韓国統監《かんこくとうかん》となる
	1909年	中国のハルビンで韓国の独立運動家に射殺される
	1914年	第一次世界大戦が始まる（～1918年）
野口英世《のぐちひでよ》	**1927年**	黄熱病《おうねつびょう》の研究のためアフリカに渡る
犬養毅《いぬかいつよし》	**1932年**	五《ご》・一五《いちご》事件で，海軍の将校らに射殺される
	1939年	第二次世界大戦が始まる（～1945年）
	1941年	太平洋戦争が始まる（～1945年）
	1945年	日本はポツダム宣言を受け入れ，無条件降伏する
吉田茂《よしだしげる》	**1946年**	内閣総理大臣となる（以後，第五次まで内閣を組織）
	1951年	サンフランシスコ平和条約，日米安全保障《ほしょう》条約を結ぶ

さくいん

あ

上知《あげち》(地)令《れい》……67
上米《あげまい》の制《せい》……64,65
足利尊氏《あしかがたかうじ》……42
足利義政《あしかがよしまさ》……46
足利義満《あしかがよしみつ》……44
飛鳥文化《あすかぶんか》……8
安土城《あづちじょう》……52,53
安政《あんせい》の大獄《たいごく》……72,73
井伊直弼《いいなおすけ》……72
イエズス会《かい》……57
板垣退助《いたがきたいすけ》……82
伊藤博文《いとうひろぶみ》……84
犬養毅《いぬかいつよし》……91
伊能忠敬《いのうただたか》……71
岩倉具視《いわくらともみ》……81
院政《いんせい》……27
歌川広重《うたがわひろしげ》……70
江戸幕府《えどばくふ》……58,59
絵踏《えふみ》……60,61
蝦夷《えみし》……16,17
延暦寺《えんりゃくじ》……18
王政復古《おうせいふっこ》の大号令《だいごうれい》……75,81
応仁《おうにん》の乱《らん》……46,47
大隈重信《おおくましげのぶ》……83
大塩平八郎《おおしおへいはちろう》……67
大輪田泊《おおわだのとまり》……28,29
桶狭間《おけはざま》の戦《たたか》い……52,53,56
織田信長《おだのぶなが》……52

か

海援隊《かいえんたい》……76,77
解体新書《かいたいしんしょ》……69
学問《がくもん》のすゝ《（す）》め……88
化政文化《かせいぶんか》……70
刀狩《かたながり》……54,55
勝海舟《かつかいしゅう》……76,77
かな文字《もじ》……25,26
株仲間《かぶなかま》……66,67
鎌倉幕府《かまくらばくふ》……32
冠位十二階《かんいじゅうにかい》……8,9
勘合《かんごう》……45
韓国併合《かんこくへいごう》……84,85
鑑真《がんじん》……15
関税自主権《かんぜいじしゅけん》……86,87
寛政《かんせい》の改革《かいかく》……66
関白《かんぱく》……22,23
桓武天皇《かんむてんのう》……16
『魏志《ぎし》』倭人伝《わじんでん》……6,7
北里柴三郎《きたさとしばさぶろう》……90
行基《ぎょうき》……14
享保《きょうほう》の改革《かいかく》……64
キリスト教《きょう》……57
金印《きんいん》……6,7
金閣《きんかく》……44,45
銀閣《ぎんかく》……46
空海《くうかい》……19
公事方御定書《くじかたおさだめがき》……64,65
下剋上《げこくじょう》……47
元寇《げんこう》……38,39
源氏物語《げんじものがたり》……26
遣隋使《けんずいし》……8,9
検地《けんち》(太閤検地《たいこうけんち》)……54,55
建武《けんむ》の新政《しんせい》……40,42
元禄文化《げんろくぶんか》……63
五《ご》・一五事件《いちごじけん》……91
御恩《ごおん》……32,33
国学《こくがく》……68
国風文化《こくふうぶんか》……20,22,25,26
国分寺《こくぶんじ》……12
古事記伝《こじきでん》……68
御成敗式目《ごせいばいしきもく》……37
後醍醐天皇《ごだいごてんのう》……40
後鳥羽上皇《ごとばじょうこう》……34
金剛峯《こんごうぶ》(峰)寺《じ》……19
墾田永年私財法《こんでんえいねんしざいのほう》……12,13

さ

西郷隆盛《さいごうたかもり》……80
最澄《さいちょう》……18
坂上田村麻呂《さかのうえのたむらまろ》……16
坂本龍馬《さかもとりょうま》……76
桜田門外《さくらだもんがい》の変《へん》……72
鎖国《さこく》……60,61
薩長同盟《さっちょうどうめい》……75,76,77,80
参勤交代《さんきんこうたい》……60,61
三国干渉《さんごくかんしょう》……87
サンフランシスコ平和条約《へいわじょうやく》……93
執権《しっけん》……35,37
地頭《じとう》……32,33
島原《しまばら》・天草一揆《あまくさいっき》……60,61
下関条約《しものせきじょうやく》……86,87
十七条《じゅうしちじょう》の憲法《けんぽう》……8,9
自由党《じゆうとう》……82
自由民権運動《じゆうみんけんうんどう》……82
守護《しゅご》……32,33
守護大名《しゅごだいみょう》……43
書院造《しょいんづくり》……47
承久《じょうきゅう》の乱《らん》……34
正倉院《しょうそういん》……13
聖徳太子《しょうとくたいし》……8
浄土宗《じょうどしゅう》……36
浄土真宗《じょうどしんしゅう》……36
聖武天皇《しょうむてんのう》……12
生類憐《しょうるいあわれ》みの令《れい》……62
白河上皇《しらかわじょうこう》……27
真言宗《しんごんしゅう》……19
寝殿造《しんでんづくり》……23
親藩《しんぱん》……59
親鸞《しんらん》……36
水墨画《すいぼくが》……48,49
菅原道真《すがわらのみちざね》……20
杉田玄白《すぎたげんぱく》……69
征夷大将軍《せいいたいしょうぐん》……16,17
征韓論《せいかんろん》……80
清少納言《せいしょうなごん》……25
西南戦争《せいなんせんそう》……80
関ヶ原《せきがはら》の戦《たたか》い……58
摂関政治《せっかんせいじ》……22,23
雪舟《せっしゅう》……48
摂政《せっしょう》……22,23
船中八策《せんちゅうはっさく》……77
僧兵《そうへい》……27

た

大化《たいか》の改新《かいしん》……10,11
太政大臣《だいじょうだいじん》……28,29
大政奉還《たいせいほうかん》……75
大日本沿海輿地全図《だいにほんえんかいよちぜんず》……71
大日本帝国憲法《だいにほんていこくけんぽう》……84,85
大仏《だいぶつ》……14
大宝律令《たいほうりつりょう》……10,11
平清盛《たいらのきよもり》……28
平将門《たいらのまさかど》……21
田沼意次《たぬまおきつぐ》……66
壇ノ浦《だんのうら》の戦《たたか》い……29
近松門左衛門《ちかまつもんざえもん》……63
朝鮮侵略《ちょうせんしんりゃく》……54,55
帝国議会《ていこくぎかい》……85
鉄砲《てっぽう》……57
天台宗《てんだいしゅう》……18
天平文化《てんぴょうぶんか》……12
天保《てんぽう》の改革《かいかく》……67
東海道五十三次《とうかいどうごじゅうさんつぎ》……70
唐招提寺《とうしょうだいじ》……15
東大寺《とうだいじ》……12,13
徳川家光《とくがわいえみつ》……60
徳川家康《とくがわいえやす》……58
徳川綱吉《とくがわつなよし》……62
徳川慶喜《とくがわよしのぶ》……75
徳川吉宗《とくがわよしむね》……64

徳政令《とくせいれい》 …… 40,41
外様大名《とざまだいみょう》 …… 59
豊臣秀吉《とよとみひでよし》 …… 54

な

内閣制度《ないかくせいど》 …… 84,85
長篠《ながしの》の戦《たたか》い …… 52,53
中臣鎌足《なかとみのかまたり》 …… 10
中大兄皇子《なかのおおえのおうじ》 …… 10
夏目漱石《なつめそうせき》 …… 89
南北朝時代《なんぼくちょうじだい》 …… 41
日米安全保障条約《にちべいあんぜんほしょうじょうやく》 …… 93
日米修好通商条約《にちべいしゅうこうつうしょうじょうやく》 …… 72,74
日米和親条約《にちべいわしんじょうやく》 …… 74
日明《にちみん》(勘合《かんごう》)貿易《ぼうえき》 …… 44,45
日宋貿易《にっそうぼうえき》 …… 28
能楽《のうがく》(能《のう》) …… 49
野口英世《のぐちひでよ》 …… 90

は

白村江《はくすきのえ》の戦《たたか》い …… 10,11
卑弥呼《ひみこ》 …… 6
平等院鳳凰堂《びょうどういんほうおうどう》 …… 24
福沢諭吉《ふくざわゆきち》 …… 88
武家諸法度《ぶけしょはっと》 …… 58,60
武士団《ぶしだん》 …… 21
藤原純友《ふじわらのすみとも》 …… 21
藤原道長《ふじわらのみちなが》 …… 22
藤原頼通《ふじわらのよりみち》 …… 24
譜代大名《ふだいだいみょう》 …… 59
フビライ＝ハン …… 38,39
フランシスコ＝ザビエル …… 57
文明開化《ぶんめいかいか》 …… 88
平安京《へいあんきょう》 …… 16,17
平治《へいじ》の乱《らん》 …… 28,29
ペリー …… 74
保元《ほうげん》の乱《らん》 …… 28,29
奉公《ほうこう》 …… 32,33
北条時宗《ほうじょうときむね》 …… 38
北条政子《ほうじょうまさこ》 …… 35
北条泰時《ほうじょうやすとき》 …… 37
法然《ほうねん》 …… 36
法隆寺《ほうりゅうじ》 …… 8,9
戊辰戦争《ぼしんせんそう》 …… 75,80

ま

枕草子《まくらのそうし》 …… 25
松平定信《まつだいらさだのぶ》 …… 66
水野忠邦《みずのただくに》 …… 67
源 頼朝《みなもとのよりとも》 …… 32
民撰《みんせん》(選)議院設立《ぎいんせつりつ》の建白書《けんぱくしょ》 …… 82
陸奥宗光《むつむねみつ》 …… 86
紫式部《むらさきしきぶ》 …… 26
室町幕府《むろまちばくふ》 …… 42,43,44,53
目安箱《めやすばこ》 …… 64,65
本居宣長《もとおりのりなが》 …… 68

や

邪馬台国《やまたいこく》 …… 6
与謝野晶子《よさのあきこ》 …… 92
吉田茂《よしだしげる》 …… 93
吉田松陰《よしだしょういん》 …… 73
吉野ヶ里遺跡《よしのがりいせき》 …… 7

ら

楽市《らくいち》・楽座《らくざ》 …… 52,53
蘭学《らんがく》 …… 69
立憲改進党《りっけんかいしんとう》 …… 83
領事裁判権《りょうじさいばんけん》(治外法権《ちがいほうけん》) …… 86,87
連合国軍最高司令官総司令部《れんごうこくぐんさいこうしれいかんそうしれいぶ》(GHQ) …… 93
六波羅探題《ろくはらたんだい》 …… 34,35

わ

倭寇《わこう》 …… 44,45

編集協力／望出版, 鈴木俊男, 長谷川健勇, 八木佳子, 内山とも子

図版／木村図芸社

イラスト／堀口順一朗

写真提供／荻原貞次, 慈照寺, 小田原市, 国立国会図書館,
学研・写真資料センター

本文・表紙デザイン／星 光信(Xing Design)

DTP／(株)明昌堂 データ管理コード12-1557-1279(CS3)

[この本は, 下記のように環境に配慮して制作しました。]

◉製版フィルムを使用しないCTP方式で印刷しました。
◉環境に配慮した紙を使用しています。

入試に出る歴史人物完全攻略

編　者　学研教育出版
発行人　土屋 徹
編集人　柴田雅之
編集担当　宮田昭子

発行所　株式会社 学研教育出版
東京都品川区西五反田2-11-8
発売元　株式会社 学研マーケティング
東京都品川区西五反田2-11-8
印刷所　株式会社リーブルテック

◉この本に関する各種お問い合わせ先
【電話の場合】
●編集内容については　03-6431-1545(編集部直通)
●在庫, 不良品(乱丁, 落丁)については
03-6431-1199(販売部直通)
【文書の場合】
〒141-8418　東京都品川区西五反田2-11-8
学研お客様センター『入試に出る歴史人物完全攻略』係
◉その他の学研商品に関するお問い合わせは下記まで
03-6431-1002(学研お客様センター)

①

中学入試 完全攻略シリーズ

入試に出る歴史人物完全攻略

[別冊] 中学入試過去問集

実際《じっさい》の入試問題から、よく出る歴史人物の良問を集めました。
過去問《かこもん》を解《と》いて、実戦力をつけましょう。

【解答《かいとう》と解説《かいせつ》】→ 15・16 ページ

※ 本体と軽くのりづけされていますので、
はずしてお使いください。

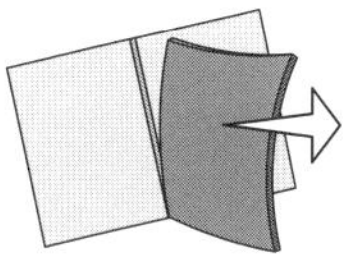

1 次の文は，日本の各時代を代表する歴史資料の一部をまとめたものです。これらを読んで，あとの問いに答えなさい。 **【成城学園中】**

あ【**A**】は，あつまった武士たちに「①亡《な》くなった将軍《しょうぐん》のご恩《おん》は，山よりも高く，海よりも深い。このご恩にむくいないはずがあろうか」とよびかけた。
い 天は，人の上に人をつくらず，人の下に人をつくらずという。すべての人は生まれながら差別なく，自由であるということだ。
う 娘《むすめ》の結婚《けっこん》にあたり，【**B**】は「この世をば　わが世とぞ思う　望月の　欠けたることも　なしと思えば」という歌をよんだ。
え 倭国《わこく》の政治はみだれ，長く争いが続いたので，ひとりの女王を立てて王とした。その女王は【**C**】とよばれた。
お 諸国《しょこく》の百姓《ひゃくしょう》が，刀や弓などの武器を持つことを禁止する。取りあげた刀は，今度つくる大仏のくぎやかすがいに使用する。
か ②わたしは，仏教をさかんにし，この世のすべてのものを救うために，金銅《こんどう》の大仏一体をお造りすることとした。
き【**D**】が率いる一族には，貴族《きぞく》であっても肩《かた》を並《なら》べられるものがなく，「この一族でないものはみな人ではない」といわれた。
く この国の王が③使者にもたせた手紙には，「日出《い》づるところの天子が，日没《ぼつ》するところの天子にこの手紙を送る」と書かれていた。

問１　【**A**】～【**D**】にあてはまる人物名を正しい漢字で答えなさい。

問２　文中の①～③にあてはまる人物の組み合わせとして，正しいものを次の**ア～カ**から１つ選んで，記号で答えなさい。

	ア	イ	ウ	エ	オ	カ
①	足利《あしかが》 義政《よしまさ》	源《みなもとの》 頼朝《よりとも》	足利 義政	源 頼朝	足利 義政	源 頼朝
②	行《ぎょう》 基《き》	行 基	聖武天皇《しょうむてんのう》	聖武天皇	聖武天皇	行 基
③	阿倍仲麻呂《あべのなかまろ》	小野《おのの》 妹子《いもこ》	阿倍仲麻呂	小野 妹子	小野 妹子	阿倍仲麻呂

問３　次の**ア～エ**の時代のうち，**あ～く**の中の2つの文があてはまるものを１つ選んで，記号で答えなさい。

ア 奈良《なら》時代　**イ** 平安《へいあん》時代　**ウ** 江戸《えど》時代　**エ** 明治《めいじ》時代

問４　**い**の文に最も関係の深い人物を次から１人選んで，記号で答えなさい。

ア

イ

ウ

エ

問５　**え**の女王の国があった場所についてはいろいろな説があるが，代表的な場所を次から２つ選んで，記号で答えなさい。

ア　会津盆地《あいづぼんち》　**イ**　上川《かみかわ》盆地　**ウ**　宮崎《みやざき》平野
エ　筑紫《つくし》平野　**オ**　奈良《なら》盆地　**カ**　濃尾《のうび》平野

問６　**お**の命令を出した人物が行ったこととしてあてはまらないものを次から１つ選んで，記号で答えなさい。

ア　ものさしやはかりを統一して，田畑の面積や収穫高《しゅうかくだか》を調べた。
イ　人々の支配にキリスト教を利用するため，ローマに使者を派遣《はけん》した。
ウ　中国《ちゅうごく》を支配することを目標にし，朝鮮《ちょうせん》半島に２度にわたり兵を出した。
エ　茶の湯を好み，千利休《せんのりきゅう》などを重く用いた。

問７　**か**の時代，苦難《くなん》の末に中国から日本にわたった僧《そう》が，日本で行ったこととして，正しいものを次から１つ選んで，記号で答えなさい。

ア　弟子の教育にあたり，僧の資格を与えた。
イ　仏師として，多くの仏像をつくりあげた。
ウ　貧しい民衆《みんしゅう》に仏教を広める活動を行った。
エ　密教《みっきょう》とよばれる教えを広め，山中の寺で修行を積んだ。

問８　次の各文は，**き**が率いる一族について書かれたものであるが，まちがいをふくんでいるものが１つある。その文を記号で答えなさい。

ア　一族の繁栄《はんえい》を願って，広島《ひろしま》県の厳島《いつくしま》神社を建て直した。
イ　宋《そう》との貿易を推進《すいしん》して，大輪田泊《おおわだのとまり》を整備した。
ウ　娘《むすめ》を天皇《てんのう》のきさきとし，平等院《びょうどういん》を建てた子とともに栄華《えいが》をきわめた。
エ　この一族は，山口《やまぐち》県下関《しものせき》の壇ノ浦《だんのうら》でのいくさでほろぼされた。

2　次の**Ａ**～**Ｆ**について，あとの問いに答えなさい。　**【北鎌倉女子学園中・改】**

邪馬台国《やまたいこく》が魏《ぎ》に使いを送る	Ａ	藤原道長《ふじわらのみちなが》が摂政《せっしょう》となる	Ｄ
聖徳太子《しょうとくたいし》が政治を行う	Ｂ	平氏《へいし》の政権《せいけん》が成立する	Ｅ
平城京《へいじょうきょう》に都が移される	Ｃ	北条時宗《ほうじょうときむね》が執権《しっけん》となる	Ｆ

問１　**Ａ**の邪馬台国の女王はだれですか。

問２　**Ｂ**の聖徳太子は，次のような政治を行う豪族《ごうぞく》や役人の心構えを示しました。これを何といいますか。

第一条　和を大切にし，人と争わないようにしなさい。
第二条　仏教の教えを深く敬《うやま》いなさい。
第三条　天皇の命令を受けたら，必ずつつしんでしたがいなさい。

問３　Ｃのころ，都で伝染病《でんせんびょう》がはやり，地方ではききんや貴族《きぞく》の反乱《はんらん》が起こって世の中が混乱《こんらん》していました。そこで，仏教を通して世の中の不安をしずめ，国を守ろうと，大仏をつくることや国分寺《こくぶんじ》を建てることを命じた天皇《てんのう》はだれですか。次の**ア**～**エ**から１人選び，記号で答えなさい。

ア　推古《すいこ》天皇　　**イ**　天武《てんむ》天皇　　**ウ**　持統《じとう》天皇　　**エ**　聖武《しょうむ》天皇

問４　Ｄのころの様子について，次の問いに答えなさい。

(1)　Ｄと同じ時代に真言宗《しんごんしゅう》を開いた人物の名前を答えなさい。

(2)　Ｄの時期に，すぐれた文学作品が生まれました。『源氏物語《げんじものがたり》』の作者はだれですか。次の**ア**～**エ**から１人選び，記号で答えなさい。

ア　清少納言《せいしょうなごん》　　**イ**　紫式部《むらさきしきぶ》　　**ウ**　紀貫之《きのつらゆき》　　**エ**　菅原道真《すがわらのみちざね》

問５　Ｅについて，武士で最初の太政大臣《だいじょうだいじん》に任命され，この政権《せいけん》を成立させたのはだれですか。漢字３字で答えなさい。

問６　Ｆのころの様子について，次の問いに答えなさい。

(1)　Ｆの時代の1221年に承久《じょうきゅう》の乱《らん》をおこした人物を，次の**ア**～**エ**から１人選び，記号で答えなさい。

ア　白河《しらかわ》天皇　　**イ**　後白河上皇《ごしらかわじょうこう》　　**ウ**　後醍醐《ごだいご》天皇　　**エ**　後鳥羽《ごとば》上皇

(2)　Ｆの時期に，２度にわたって大軍を日本に送ってきたのはどこの国ですか。次の**ア**～**エ**から１つ選び，記号で答えなさい。

ア　唐《とう》　　**イ**　隋《ずい》　　**ウ**　元《げん》　　**エ**　明《みん》

3　次の【人物】と【地図】を参考に，あとの問いに答えなさい。　**【麗澤中】**

【人物】（［　　　］内は年代順になっていない）

［A～F：年代順になっていない］
A　桓武《かんむ》天皇
↓
B　聖徳太子《しょうとくたいし》
↓
C　聖武天皇
↓
D　菅原道真
↓
E　藤原道長《ふじわらのみちなが》
↓
F　天智《てんじ》天皇
↓
G　白河上皇
↓
H　平清盛《たいらのきよもり》
↓
I　源頼朝《みなもとのよりとも》
↓
a
↓
J　足利尊氏《あしかがたかうじ》
↓
K　足利義政《よしまさ》
↓
L　織田信長《おだのぶなが》
↓
M　豊臣秀吉《とよとみひでよし》
↓
N　徳川家康《とくがわいえやす》
↓
O　徳川家光《いえみつ》
↓
P　井伊直弼《いいなおすけ》
↓
b

【地図】

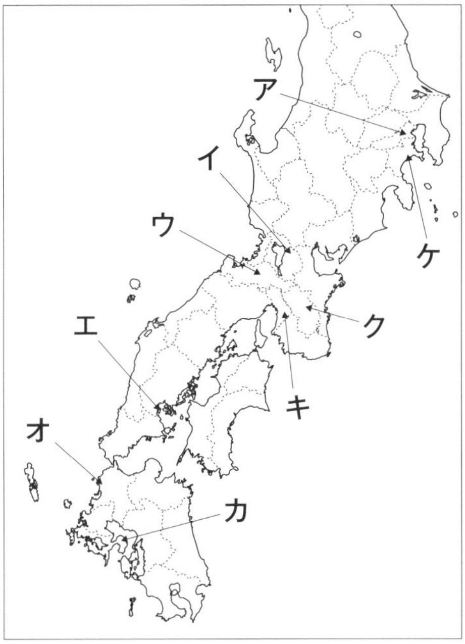

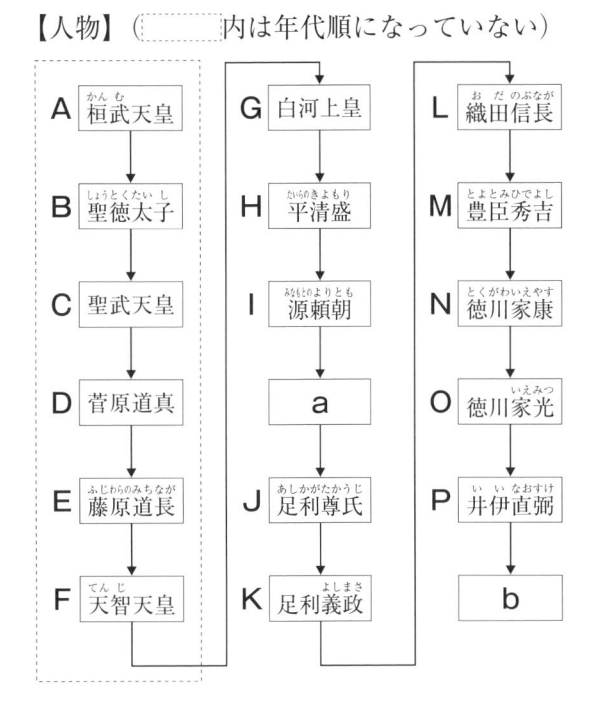

問１　【人物】Ａ～Ｆを古いものから年代順に並《なら》べかえたとき，**<u>３番目</u>**となるものはどれですか。Ａ～Ｆから選び，記号で答えなさい。

問２　Ａは，最初長岡《ながおか》に都を造り始めましたが，さまざまな理由から途中《とちゅう》で断念《だんねん》しました。その後，長岡に近い場所に改めて都を造り，そこへ都を移すことになりました。この都は，唐《とう》の都長安《ちょうあん》を真似《まね》て造られた，東西約 4.6km，南北約 5.3km の長方形の土地です。この都があった場所はどこですか。【地図】中の**ア～ケ**から選び，記号で答えなさい。

問３　Ｄは，遣唐使《けんとうし》の停止《ていし》を考えた人物です。Ｄは藤原氏《ふじわらし》による策略《さくりゃく》により，朝廷《ちょうてい》内から地方へ移動させられましたが，その場所はどこですか。次の**ア～オ**から１つ選び，記号で答えなさい。

ア　六波羅探題《ろくはらたんだい》　**イ**　国分寺《こくぶんじ》　**ウ**　鶴岡八幡宮《つるがおかはちまんぐう》　**エ**　大宰府《だざいふ》　**オ**　湯島天神《ゆしまてんじん》

問４　Ｅは，朝廷内で，どのような方法を用いて権力《けんりょく》を強めましたか。**<u>「娘《むすめ》」という語句を必ず用いて，25 字以内</u>**で説明しなさい。

問５

<u>この場所</u>には，世界遺産《いさん》である厳島《いつくしま》神社があり，<u>この人物</u>はこれを氏神《うじがみ》(守り神)と敬《うやま》い，また，都から大陸へ向かう航路や港を整備して日宋《にっそう》貿易を行いました。

<u>この場所</u>とはどこですか。【地図】中の**ア～ケ**から選び，記号で答えなさい。また，<u>この人物</u>とはだれですか。【人物】Ａ～Ｐから選び，記号で答えなさい。

問６

<u>この場所</u>は「将軍《しょうぐん》のおひざもと」とよばれ，人口が集中する大都市となりました。ここを政治の中心とした，<u>この人物</u>は幼年期から少年期にかけて今川《いまがわ》氏の人質《ひとじち》として過ごすなど，苦労をしましたが，我慢《がまん》を重ね実力を養い，石田《いしだ》三成《みつなり》との戦いに勝利し，念願の征夷大将軍《せいいたいしょうぐん》になりました。

<u>この場所</u>とはどこですか。【地図】中の**ア～ケ**から選び，記号で答えなさい。また，<u>この人物</u>とはだれですか。【人物】Ａ～Ｐから選び，記号で答えなさい。

問７　空欄［　ａ　］・［　ｂ　］には，以下の文章で書かれた人物が入ります。この人物の名前を答えなさい。(姓名ともに答えなさい。)

［　ａ　］

この人物は，今までの政治のやり方を改め，まず，叔父《おじ》の時房《ときふさ》を連署《れんしょ》（副執権《ふくしっけん》）とし，十数人の話し合いで政治を行った。人の意見を聞き，話し合うことで政治をより良いものにしようと考えた。また，領地の裁判《さいばん》を公平に行うための基準や，その他武家社会の慣習や決まりごとをわかりやすくまとめた。これはその後，武家社会の中での基本法となった。

［　ｂ　］

この人物は，水戸藩主《みとはんしゅ》の子として生まれる。若《わか》くして亡《な》くなった 14 代家茂《いえもち》に代わり，15 代将軍となった。政権《せいけん》を朝廷《ちょうてい》に還す「大政奉還《たいせいほうかん》」を行ったが，その後，鳥羽《とば》・伏《ふし》見《み》の戦いで敗れた。

問８　**L**は，天下統一を進めるうえで交通の要所である<u>この場所</u>に，美しい天守閣《てんしゅかく》をもつ安土城《あづちじょう》を築きました。またここに家臣団を住まわせ，税をとらない楽市《らくいち》・楽座《らくざ》として商工業者を集めました。<u>この場所</u>はどこですか。【地図】中の**ア**～**ケ**から１つ選び，記号で答えなさい。

問９　**N**～**O**の人物が活躍《かつやく》した時代に起きたできごとを説明した文章として<u>**ふさわしくない**</u>ものはどれですか。次の**ア**～**オ**から<u>**２つ**</u>選び，記号で答えなさい。

ア　大阪冬の陣《じん》と大阪夏の陣がおこり，豊臣《とよとみ》氏は滅亡《めつぼう》した。

イ　九州で重税と領主の弾圧《だんあつ》が原因でおこった農民の一揆《いっき》に，キリスト教徒が多いこの土地の事情が加わり大規模《だいきぼ》な反乱《はんらん》に発展《はってん》した。

ウ　目安箱《めやすばこ》という投書箱を置いて人々の意見を聞き，政治に反映《はんえい》させた。

エ　大名《だいみょう》は，一年ごとに江戸《えど》と国元《くにもと》を行き来しなければならなくなり，妻子《さいし》は江戸に住むように強制された。

オ　正式な貿易船に勘合《かんごう》という合い札が用いられ，大陸と貿易を行った。

問10　**P**は朝廷《ちょうてい》の許可を得ないまま，横浜《よこはま》・長崎《ながさき》など５港を開くという条項がふくまれる条約をアメリカと結びました。この条約を次の**ア**～**オ**から１つ選び，記号で答えなさい。

ア　日米通商航海条約　　**イ**　日米和親条約　　**ウ**　日米安全保障条約

エ　日米修好通商条約　　**オ**　治外法権《ちがいほうけん》条約

4　紙幣《しへい》に使われた人物を見て，あとの問いに答えなさい。　**【お茶の水女子大学附属中・改】**

A

B

C

(1)　これまで一番多く使われたのは，**A**の肖像画です。この人物は聖徳太子《しょうとくたいし》と伝えられています。彼の政治に<u>あてはまらないもの</u>を次の**ア**～**エ**から１つ選び，記号で答えなさい。

ア　中国《ちゅうごく》との対等なつきあいを求め，使者を派遣《はけん》した。

イ　朝廷《ちょうてい》に仕え政治を行う役人の心構えを示す憲法《けんぽう》を制定した。

ウ　仏教を厚く信仰《しんこう》し，寺などを建てた。

エ　土地や農民をすべて国のものとした。

(2)　**A**の人物が描《えが》かれた１万円札が最初に登場したのは，1958 年です。これよりもあとのできごとを，次の**ア**～**エ**から１つ選び，記号で答えなさい。

ア　東京オリンピックの開催《かいさい》　　**イ**　広島《ひろしま》・長崎《ながさき》への原爆《げんばく》投下

ウ　日本の国際連合への加盟《かめい》　　**エ**　日本国憲法の制定（公布）

(3)　**B**の人物は板垣退助《いたがきたいすけ》です。彼は，「今の政府は，一部の者たちによって動かされている。

国会(議会)を開いて広く国民の意見を聞くべきだ。」という要望書を政府に提出しました。そして，国会を開き憲法《けんぽう》をつくるなど，国民の自由や政治に参加する権利《けんり》を求めた運動が，全国に広がりました。この運動を何といいますか。

(4)　**C**の人物は岩倉具視《いわくらともみ》です。彼が，使節団の代表としてアメリカやヨーロッパを訪れていたころの日本の様子としてあてはまるものを次の**ア**～**エ**から１つ選び，記号で答えなさい。

ア　不平等な条約を改正するための努力を重ね，ついに条約改正を達成した。

イ　中国《ちゅうごく》と対立するようになった日本は，朝鮮《ちょうせん》での内乱をきっかけにして中国と戦争を始めた。

ウ　ガス灯がついたり，鉄道が開通したりするなど，文明開化が進んだ。

エ　朝鮮の人々の抵抗《ていこう》を軍隊でおさえ，韓国《かんこく》を併合《へいごう》した。

(5)　現在発行されている千円札に描《えが》かれている人物の名前を答えなさい。

5　次の絵・像・写真の人物は，日本に大きな影響《えいきょう》を与えた人物です。これを見て，あとの問いに答えなさい。　**【聖望学園中】**

ア

イ

ウ

エ

問１　次の文①～④のわたしは，**ア**～**エ**のどの人物について説明したものですか。記号で答えなさい。

①　わたしは，日本に招かれましたが，あらしなどで５回も失敗し，失明しました。６回目の船出で日本にたどり着きました。

②　わたしは，軍艦《ぐんかん》４隻《せき》で日本を訪れ，長く続いた日本の外交政策《せいさく》を武力を背景《はいけい》に変えさせました。

③　わたしは，ある宗教を伝えるため日本の鹿児島《かごしま》に上陸しました。その後京都《きょうと》・山《やま》口《ぐち》などをまわり，時の有力者に保護されながら教えを広めました。

④　わたしの国は，日本との戦争に勝利しました。その後，日本の政治・経済《けいざい》のやり方を変えるために，いろいろな改革《かいかく》を行いました。

問２　①～④のわたしは，だれですか。（**イ**は正しい漢字で，他はカタカナで答えなさい。）

問３　①～④のわたしが，活躍《かつやく》した時代を次の語群からそれぞれ選びなさい。

〔語群〕

飛鳥《あすか》時代　奈良《なら》時代　平安《へいあん》時代　鎌倉《かまくら》時代　室町《むろまち》時代

江戸《えど》時代　明治《めいじ》時代　大正《たいしょう》時代　昭和《しょうわ》時代

6　次の写真を参考にして，あとの文をよく読んで問いに答えなさい。　**【西武学園文理中】**

ア

イ

ウ

エ

オ

カ

問１　写真**ア**の伊達政宗《だてまさむね》が活躍《かつやく》した時代は，豊臣秀吉《とよとみひでよし》や徳川家康《とくがわいえやす》らが天下を統一した時代です。全国統一に成功した豊臣秀吉は検地と刀狩《かたながり》を行ったため，農村に住む農民と，城下町に住む武士の身分の区別がはっきりすることになりました。このようなことを何といいますか。漢字４字で答えなさい。

問２　写真**イ**の銅像《どうぞう》は，皇居《こうきょ》前広場に建てられた楠木正成《くすのきまさしげ》像です。楠木正成は現在の大阪出身の武将《ぶしょう》ですが，奈良《なら》時代から江戸《えど》時代までの大阪を述べた文として正しいものを次の**ア～エ**から１つ選び，記号で答えなさい。あてはまるものがなければ**オ**と答えなさい。

ア　大阪の平城京《へいじょうきょう》は，唐《とう》の都長安《ちょうあん》にならってつくられた本格的な都であった。

イ　足利尊氏《あしかがたかうじ》が京都《きょうと》に幕府《ばくふ》を開いたのちに，後醍醐天皇《ごだいごてんのう》は大阪の吉野《よしの》に別の朝廷《ちょうてい》を開いた。

ウ　織田信長《おだのぶなが》は大阪に天守閣《てんしゅかく》をもつ安土城《あづちじょう》を築いて，統一の根拠地《こんきょち》とした。

エ　江戸時代に，大阪は「将軍《しょうぐん》のおひざもと」とよばれ，政治・経済《けいざい》の中心地として栄えた。

問３　写真**ウ・エ**の銅像は，戦国《せんごく》時代に活躍《かつやく》した戦国大名《だいみょう》です。これに関して，身分の低い者が上の者を実力で倒《たお》す戦国時代の風潮《ふうちょう》を何といいますか。漢字３字で答えなさい。

問４　写真**オ**の銅像は，鎌倉《かまくら》時代に日蓮宗《にちれんしゅう》を開いた日蓮です。鎌倉時代に新しく生まれた仏教について述べた文として正しいものを，次から１つ選び，記号で答えなさい。

ア　法然《ほうねん》の弟子の親鸞《しんらん》は，座禅《ざぜん》の重要性を説く曹洞宗《そうとうしゅう》を開いた。

イ　一遍《いっぺん》は，念仏を唱えながら踊《おど》ることをすすめた臨済宗《りんざいしゅう》を開いた。

ウ　道元《どうげん》は，中国《ちゅうごく》の元《げん》へわたり，浄土宗《じょうどしゅう》を学んで座禅を広めた。

エ　日蓮は，「南無妙法蓮華経《なむみょうほうれんげきょう》」の題目を唱えればよいと人々に教えた。

問５　写真**カ**の銅像《どうぞう》は，江戸幕府《えどばくふ》を開いた徳川家康《とくがわいえやす》です。江戸幕府はキリスト教を禁止しましたが，幕府がキリスト教を禁止した理由を述べた文として**誤《あやま》っているもの**を次の**ア～エ**から１つ選び，記号で答えなさい。

ア　キリスト教の教えは，身分制度によって支配する幕府の方針《ほうしん》と合わなかったから。

イ　キリスト教と関係の深い西国の大名《だいみょう》が，貿易による利益を得ようとしているため。

ウ　キリスト教の信者が身分のちがいをこえて団結し，一揆《いっき》をおこすことをおそれたから。

エ　オランダやポルトガルが布教して，日本を植民地にするのではないかとおそれたから。

問６　写真**カ**に関連して，江戸時代は富をたくわえた町人が文化の中心となりました。江戸時代の文化について述べた文として正しいものを，次の**ア**～**エ**から１つ選び，記号で答えなさい。

ア　大阪の井原西鶴《いはらさいかく》は，『東海道中膝栗毛《とうかいどうちゅうひざくりげ》』などの浮世草子《うきよぞうし》の作品を残した。

イ　浮世絵《うきよえ》では，葛飾北斎《かつしかほくさい》が『富嶽三十六景《ふがくさんじゅうろっけい》』などの風景画を描《えが》いた。

ウ　青木昆陽《あおきこんよう》と杉田玄白《すぎたげんぱく》らは，医学書である『解体新書《かいたいしんしょ》』を出した。

エ　オランダの商館の医師であったシーボルトは，長崎《ながさき》に鳴滝塾《なるたきじゅく》を開いて国学《こくがく》を教えた。

7　次の**A**～**C**の文や史料を読んで，それぞれの問いに答えなさい。**【江戸川学園取手中・改】**

A　戦乱や飢饉《ききん》の相次いだ平安《へいあん》時代末期から鎌倉《かまくら》時代にかけて，従来の宗教と異なり，民《みん》衆《しゅう》や武士を救済《きゅうさい》の対象とする新仏教が多く誕生《たんじょう》しました。浄土宗《じょうどしゅう》を開いた法然《ほうねん》は（ １ ）を唱えればだれでも極楽浄土《ごくらくじょうど》に生まれ変われると説き，その弟子である（ ２ ）は，師の教えをさらに進めて，浄土真《しん》宗を開きました。また，日蓮《にちれん》は法華経《ほっけきょう》を重視した教えを説きました。一方，宋《そう》にわたって修行し，臨済宗《りんざいしゅう》を開いた（ ３ ）や曹洞宗《そうとうしゅう》を開いた（ ４ ）がいます。座禅《ざぜん》は武士の気風にあったこともあり，幕府に保護されました。

問１　文中の（ １ ）にあてはまる語句を，漢字２字で答えなさい。

問２　文中の（ ２ ）にあてはまる人名を，答えなさい。

問３　文中の（ ３ ）にあてはまる人名を，次の**ア**～**オ**から１人選び，記号で答えなさい。

ア　一遍《いっぺん》　**イ**　栄西《えいさい》　**ウ**　空海《くうかい》　**エ**　最澄《さいちょう》　**オ**　道元《どうげん》

問４　文中の（ ４ ）にあてはまる人名を，次の**ア**～**オ**から１人選び，記号で答えなさい。

ア　一遍　**イ**　栄西　**ウ**　空海　**エ**　最澄　**オ**　道元

B　日本はアメリカ船が薪《まき》・水・食料・石炭などの不足する品物を買う目的に限って，伊《い》豆《ず》の（ **a** ）と松前《まつまえ》の（ **b** ）の港に来航することを許す。

問５　文中の（ **a** ）と（ **b** ）にあてはまる語句を，次の**ア**～**オ**から１つずつ選び，記号で答えなさい。

ア　神戸《こうべ》　**イ**　下田《しもだ》　**ウ**　長崎　**エ**　函館《はこだて》　**オ**　横浜《よこはま》

C　日本に輸出入されるすべての品物は，別冊の通り，日本の役所に関税を納めること。
〔別冊の内容〕関税は日米が協定して決めること。

問６　史料**B**・**C**の条約の不平等な点を改正するため，日本は1871年に欧米《おうべい》に使節団を派遣《はけん》しました。この使節団の説明として誤《あやま》っているものを次の**ア**～**エ**から１つ選び，記号で答えなさい。

ア　使節団の全権《ぜんけん》大使は，右大臣岩倉具視《いわくらともみ》だった。

イ　副使として，木戸孝允《きどたかよし》や大久保利通《おおくぼとしみち》が参加した。

ウ　使節団は，条約改正交渉《こうしょう》は失敗したが，欧米の状況を２年間にわたり視察した。

エ　帰国した使節団は，征韓論《せいかんろん》を強硬《きょうこう》に主張した。

8　次の**A**・**B**の文を読んで，それぞれの問いに答えなさい。　**【城北中】**

A　足利尊氏《あしかがたかうじ》によって成立した武家政権《せいけん》は，①三代 将軍《しょうぐん》足利義満《よしみつ》のころには，京都《きょうと》の室町《むろまち》に幕府《ばくふ》を移転して，その政治も安定するようになりました。しかし，15 世紀の半ばごろ，八代将軍に就任《しゅうにん》した（ ② ）のときに，将軍の後とり問題をきっかけにして，応仁《おうにん》の乱《らん》が発生しました。この乱による時代の始まりは，実力のある者がその地域《ちいき》を支配する③下剋上《げこくじょう》の風潮《ふうちょう》を強めていきました。

問１　下線部①の人物について述べた文として正しいものを，次の**ア**～**エ**から１つ選び，記号で答えなさい。

ア　後醍醐天皇《ごだいごてんのう》が吉野《よしの》で南朝《なんちょう》を成立させて以来，約 60 年間も続いた南北朝《なんぼくちょう》の時代を統一しました。

イ　明徳《めいとく》の乱では山名《やまな》氏を，応永《おうえい》の乱では管領《かんれい》家の細川《ほそかわ》氏を討《とう》ばつして，有力な守護《しゅご》大名《だいみょう》の勢力を弱めました。

ウ　明《みん》国の皇帝《こうてい》の要求を受けて，倭寇《わこう》を取りしまるために，貿易船に通信符をもたせて日明貿易を行いました。

エ　幕府内の政治対立から，弟の足利直義《ただよし》との間で身内同士の争いを引きおこしました。

問２　（ ② ）の人物は，京都の東山に慈照寺銀閣《じしょうじぎんかく》を建立《こんりゅう》したことでも有名です。この人物の氏名を，漢字で答えなさい。

問３　下線部③について，この時期に発生した加賀《かが》の一向一揆《いっこういっき》について述べた文として正しいものを，次の**ア**～**エ**から１つ選び，記号で答えなさい。

ア　この一揆は，幕府のキリスト教の禁教や領主の悪政に抵抗《ていこう》して農民がおこしたものです。

イ　この一揆は，本願寺派《ほんがんじは》の門徒たちが守護《しゅご》の富樫《とがし》氏をほろぼして，その後，近畿《きんき》や東海地方に勢力を拡大《かくだい》したものです。

ウ　この一揆は，蜂起《ほうき》した馬借《ばしゃく》に民衆《みんしゅう》が呼応《こおう》して，徳政《とくせい》を要求して高利貸しを襲撃《しゅうげき》したものです。

エ　この一揆は，国人《こくじん》と農民たちが畠山《はたけやま》軍を国外に追放して，８年もの間自治支配を行ったものです。

B　17 世紀の終わりごろになると，江戸幕府《えどばくふ》の基礎《きそ》も固まり，五代将軍《しょうぐん》の徳川綱吉《とくがわつなよし》は，朱《しゅ》子学《しがく》をより政治に取り入れて，文治《ぶんち》政治を進めていきました。この後，六代・七代将軍につかえた（ ④ ）は，正徳《しょうとく》の治《ち》といわれる政治改革《かいかく》を行いました。その後，八代将軍徳川吉宗《よしむね》は徳川家康《いえやす》の政治を理想としながら，⑤享保《きょうほう》の改革とよばれる政治改革を行いました。

問４　（④）に入る人物の氏名を，漢字で答えなさい。

問５　下線部⑤について説明した文として正しいものを，次の**ア**～**エ**から１つ選び，記号で答えなさい。

ア　町人による新田開発を計画して，印旛沼《いんばぬま》や手賀沼《てがぬま》の干拓《かんたく》を始めたり，町人に費用を積み立てさせて，町火消しの制度を設けました。

イ　農民の出かせぎなどを禁止して，強制的に農村にもどることを命じたり，江戸・大阪周辺を幕府の領地にしようと計画して，大名《だいみょう》や旗本《はたもと》に上地《あげち》(知)を命じたりしました。

ウ　江戸町奉行《まちぶぎょう》に大岡忠相《おおおかただすけ》を取り立てて，公正な裁判《さいばん》を行うために公事方御定書《くじかたおさだめがき》を制定させました。また，昌平坂《しょうへいざか》学問所では，朱子学以外の講義を禁止しました。

エ　幕府の財政を立て直すために，上米《あげまい》の制を実施して，大名に米を提供させる代わりに参勤交代《さんきんこうたい》をゆるめました。

9　次の問いに答えなさい。　**【青稜中（第１回B）】**

問１　菅原道真《すがわらのみちざね》は，藤原《ふじわら》氏によって，九州のどこに追放されましたか。漢字３字で答えなさい。

問２　**ア**～**オ**の政治や制度を時代順に並《なら》べたとき，正しいものを**A**～**D**の中から１つ選んで，記号で答えなさい。

ア　執権《しっけん》政治　　**イ**　院政《いんせい》　　**ウ**　建武《けんむ》の新政　　**エ**　摂関《せっかん》政治　　**オ**　氏姓《しせい》制度

A　**オ→エ→イ→ア→ウ**　　**B**　**オ→エ→ア→イ→ウ**

C　**オ→イ→ア→エ→ウ**　　**D**　**オ→イ→エ→ア→ウ**

問３　次の中に１つだけ鎌倉《かまくら》時代の作品があります。その作品を次の**ア**～**オ**から１つ選び，記号で答えなさい。

ア　竹取物語《たけとりものがたり》　　**イ**　源氏物語《げんじものがたり》　　**ウ**　枕草子《まくらのそうし》　　**エ**　徒然草《つれづれぐさ》　　**オ**　土佐日記《とさにっき》

問４　次の年表を見て，あとの問いに答えなさい。

（①）年	ポルトガル人が種子島《たねがしま》に鉄砲《てっぽう》を伝える。
1549年	②フランシスコ＝ザビエルがキリスト教を伝える。
1560年	（③）が，今川《いまがわ》氏を桶狭間《おけはざま》の戦いで破る。
1573年	（③）は，将軍足利義昭《あしかがよしあき》を京都《きょうと》から追放して④室町《むろまち》幕府をほろぼした。
1575年	（③）は，有力大名《だいみょう》の武田《たけだ》氏を長篠《ながしの》の戦いで破った。
1576年	（③）は，近江《おうみ》に安土城《あづちじょう》を築いた。
1582年	（③）は，京都の本能寺《ほんのうじ》で家来の明智光秀《あけちみつひで》におそわれて自害した。

1　（①）にあてはまる年を答えなさい。

2　下線部②について，フランシスコ＝ザビエルが最初に到着《とうちゃく》してキリスト教を伝えたのはどこですか。次の**ア**～**オ**から１つ選び，記号で答えなさい。

ア　京都《きょうと》　**イ**　山口《やまぐち》　**ウ**　長崎《ながさき》　**エ**　大分《おおいた》　**オ**　鹿児島《かごしま》

3　ポルトガル人が鉄砲《てっぽう》を伝えてから，その大量使用で勝敗を大きく左右することになった戦いまで何年かかりましたか。次の**ア**～**オ**から１つ選び，記号で答えなさい。

ア　17 年　**イ**　28 年　**ウ**　30 年　**エ**　32 年　**オ**　39 年

4　（ ③ ）に共通してあてはまる人物の氏名を答えなさい。

5　下線部④について，室町幕府《むろまちばくふ》が行った中国《ちゅうごく》との貿易を何といいますか。次の**ア**～**オ**から１つ選び，記号で答えなさい。

ア　朱印船《しゅいんせん》貿易　**イ**　勘合《かんごう》貿易　**ウ**　日宋《にっそう》貿易　**エ**　長崎貿易　**オ**　南蛮《なんばん》貿易

10　次の(1)～(5)の各文章は，江戸《えど》時代に幕府《ばくふ》政治に関わった人物たちの説明です。これを読んで，あとの問いに答えなさい。　**【千葉日本大学第一中】**

(1)　商業を重視した田沼《たぬま》政治を批判《ひはん》して幕政改革《ばくせいかいかく》に取り組んだ**彼は**，**A**農村の復興による財政の再建と，**B**朱子学《しゅしがく》を中心とする学問を奨励《しょうれい》して湯島聖堂《ゆしませいどう》に学問の研究機関を併設《へいせつ》した。

(2)　**彼は**，**C**御三家の出身で将軍《しょうぐん》になり，**D**幕府財政の改革に取り組んだ。また，町奉行《まちぶぎょう》に大岡忠相《おおおかただすけ》を登用して法律《ほうりつ》を整備し，**E**多くの人々の意見を政治に反映《はんえい》するような制度を考えた。

(3)　甲府城主《こうふじょうしゅ》から将軍になった家宣《いえのぶ》に朱子学《しゅしがく》を教えた**彼は**，朱子学にもとづいた理想主義的な政治を行い，「正徳《しょうとく》の治《ち》」を実践《じっせん》した。

(4)　将軍の後継者《こうけいしゃ》問題と，外国からの通商条約調印の問題に取り組んだ**彼は**，天皇《てんのう》の許可のないまま強引に**F**「日米修好通商条約」を結んだ。その後，**G**反対派の大弾圧《だいだんあつ》を行ったが，彼自身も**H**反対派《はんたいは》におそわれて死亡《しぼう》した。

(5)　**彼が**将軍となったころに，幕府の職制はほぼ完成し，幕藩《ばくはん》体制といわれる江戸時代の支配体制が固まった。

問１　(1)～(5)で説明している人物（**彼**）とはだれのことですか。それぞれ人名を答えなさい。

問２　下線部**A**のために，各大名に農村での飢饉対策《ききんたいさく》として米をためておくことを命じました。この政策を何といいますか。

問３　下線部**C**の御三家に入らないものを次の**ア**～**エ**から１つ選び，記号で答えなさい。

ア　紀州《きしゅう》家　**イ**　一橋《ひとつばし》家　**ウ**　水戸《みと》家　**エ**　尾張《おわり》家

問４　下線部**D**の財政再建策として正しいものを次から１つ選び，記号で答えなさい。

ア　大名《だいみょう》たちに石高《こくだか》の百分の一を上げ米として献上《けんじょう》することを命じた。

イ　旗本《はたもと》や御家人《ごけにん》の高利貸しからの借金を帳消しにする棄捐令《きえんれい》を出した。

ウ　物価が上がっていることは株仲間《かぶなかま》の責任であるとして解散を命じた。

エ　江戸にいる農民たちを帰郷《ききょう》させ，これ以後の出かせぎをきびしく禁止した。

問５　下線部**E**で，庶民《しょみん》の意見を聞くために設置され，評定所《ひょうじょうしょ》で将軍自らが開いた意見箱を何とよびますか。

問６　下線部**F**の条約について，この条約を結ぶための交渉《こうしょう》を行ったアメリカ駐日《ちゅうにち》領事はだれですか。

問７　下線部**G**の反対派《はんたいは》の大弾圧《だいだんあつ》の説明として正しいものを次の**ア**～**エ**から１つ選び，記号で答えなさい。

ア　モリソン号事件の対応《たいおう》を批判《ひはん》した渡辺崋山《わたなべかざん》，高野長英《たかのちょうえい》などが処罰《しょばつ》された。

イ　「海国兵談《かいこくへいだん》」を出版して海防の必要を論じた林子平《はやししへい》が処罰された。

ウ　幕府《ばくふ》の対外政策《せいさく》を批判していた長州藩《ちょうしゅうはん》の吉田松陰《よしだしょういん》が処罰された。

エ　階級差のない平等な社会を「自然真営道《しぜんしんえいどう》」で理想とした安藤昌益《あんどうしょうえき》が処罰された。

問８　下線部**H**の事件を何といいますか。

11　右の年表を見て，次の問いに答えなさい。　**【桐蔭学園中】**

1067年	①藤原頼通《ふじわらのよりみち》が関白《かんぱく》をやめる
1167年	（②）が太政大臣《だいじょうだいじん》となる
1367年	③足利義詮《よしあきら》が死去《しきょ》する
1467年	④応仁《おうにん》の乱《らん》が始まる
1567年	⑤織田信長《おだのぶなが》が美濃《みの》を支配する
1767年	⑥田沼意次《たぬまおきつぐ》が側用人《そばようにん》となる
1867年	15代将軍徳川慶喜《よしのぶ》が（⑦）を行う
1967年	⑧吉田茂《よしだしげる》が死去する

問１　下線部①の人物が活躍《かつやく》した時代に栄えていたものとして正しいものを，次の**ア**～**エ**から１つ選び，記号で答えなさい。

ア　古墳《こふん》　**イ**　かな文字

ウ　水墨画《すいぼくが》　**エ**　人形浄瑠璃《にんぎょうじょうるり》

問２　年表中の（②）にあてはまる正しい人名を次の**ア**～**エ**から１人選び，記号で答えなさい。

ア　平清盛《たいらのきよもり》　**イ**　平将門《まさかど》　**ウ**　源義経《みなもとのよしつね》　**エ**　源頼朝《よりとも》

問３　下線部③の人物の子は，当時の幕府《ばくふ》の３代将軍《しょうぐん》となりました。その３代将軍が行ったこととして正しいものを次の**ア**～**エ**から１つ選び，記号で答えなさい。

ア　「金槐《きんかい》和歌集」をつくった。

イ　御成敗式目《ごせいばいしきもく》を制定した。

ウ　京都《きょうと》の北山に金閣《きんかく》をつくった。

エ　武家諸法度《ぶけしょはっと》を制定した。

問４　下線部④がおきたときの将軍を次の**ア**～**エ**から１人選び，記号で答えなさい。

ア　足利尊氏《あしかがたかうじ》　**イ**　足利義昭《よしあき》　**ウ**　足利義政《よしまさ》　**エ**　足利義満《よしみつ》

問５　下線部⑤の人物が行ったこととして正しいものを次の**ア**～**エ**から１つ選び，記号で答えなさい。

ア　刀狩《かたながり》という命令を出して，農民たちから武器を没収《ぼっしゅう》した。

イ　朝鮮《ちょうせん》半島に２回にわたって軍隊を送ったが，敗北した。

ウ　15代目の将軍を京都から追放して，幕府を倒《たお》した。

エ　楽市令《らくいちれい》という命令を出して，全国の座《ざ》を廃止《はいし》させた。

問６　下線部⑥の人物は，のちに幕府《ばくふ》政治の中心となる役職につきました。この役職の名称を次の**ア**～**エ**から１つ選び，記号で答えなさい。

ア 管領《かんれい》　イ 執権《しっけん》　ウ 摂政《せっしょう》　エ 老中《ろうじゅう》

問７　年表中の（⑦）にあてはまる正しい語句を次から１つ選び，記号で答えなさい。

ア 大政奉還《たいせいほうかん》　イ 地租改正《ちそかいせい》　ウ 廃藩置県《はいはんちけん》　エ 版籍奉還《はんせきほうかん》

問８　下線部⑧の人物は，1951 年に日本が平和条約を結んだときの首相《しゅしょう》でした。この条約はどこで結ばれましたか。次の**ア**～**エ**から１つ選び，記号で答えなさい。

ア サンフランシスコ　イ 下関《しものせき》　ウ ベルサイユ　エ ポーツマス

12　右の部屋の写真に関する文章を読んで，①～⑤にあてはまる適切な語句や人名などを答えなさい。
【東京学芸大学附属世田谷中・改】

この部屋は，（①）時代に（②）が建てさせた銀閣《ぎんかく》の東求堂《とうぐどう》の一部です。この写真からわかるように，この部屋はたたみやしょうじ，ふすまが使われた（③）造《づくり》となっています。この東求堂が建てられたころ，京都《きょうと》は（④）の乱《らん》によって焼け野原となっていました。その中で町人たちは町の建て直しを行い，とだえてしまっていた（⑤）祭も復活させました。

13　次の明治《めいじ》時代に関する⑴～⑷の文章を読んで，あとの問いに答えなさい。**【茗溪学園中】**

⑴　（１）は，ヨーロッパに派遣《はけん》され，皇帝《こうてい》の権限《けんげん》の強い（**あ**）の憲法《けんぽう》を学びました。帰国後，内閣《ないかく》制度をつくり，初代の（２）に任じられ，憲法をつくる仕事にあたりました。

⑵　明治維新《いしん》の改革《かいかく》に不満をもつ士族《しぞく》は，各地で反乱をおこしました。中でも最大の反乱が，薩摩藩《さつまはん》出身の（３）を指導者とする（４）です。

⑶　土佐《とさ》藩出身の（５）は，「今の政府は薩摩と長州《ちょうしゅう》出身の一部の者によって動かされている。議会を開いて国民の意見を聞くべきだ。」と主張しました。これをきっかけに（６）運動が始まりました。

⑷　外務大臣《がいむだいじん》の（７）は，そのころ最も力の強かった（**い**）を相手に交渉《こうしょう》を行い，ついに 1894 年，条約の一部を改正して治外法権《ちがいほうけん》をなくすことに成功しました。その条約改正に成功した背景《はいけい》には，このころアジアで（**う**）と対立していた（**い**）が日本の協力を求めていたという事情もあります。

問１　（１）～（７）にあてはまる最も適切な語句を答えなさい。

問２　（**あ**）～（**う**）にあてはまる国名を次の**ア**～**オ**からそれぞれ１つずつ選び，記号で答えなさい。

ア イギリス　イ フランス　ウ ドイツ　エ アメリカ　オ ロシア

解答《かいとう》と解説《かいせつ》 〈別冊〉中学入試過去問集

[1] 問1　A…北条政子《ほうじょうまさこ》　B…藤原道長《ふじわらのみちなが》
C…卑弥呼《ひみこ》　D…平清盛《たいらのきよもり》
問2　エ　問3　イ
問4　エ　問5　エ，オ
問6　イ　問7　ア
問8　ウ

［解説］問4　いの文は，福沢諭吉《ふくざわゆきち》の著《あらわ》した「学問のすゝ《す》め」の一部である。
問6　おの命令は，豊臣秀吉《とよとみひでよし》が出した刀狩令《かたながりれい》である。
問7　かの時代とは奈良《なら》時代で，この僧《そう》は鑑真《がんじん》である。
問8　この一族とは，平氏《へいし》をさしている。ウは，藤原氏について述べたものである。

[2] 問1　卑弥呼　問2　十七条《じゅうしちじょう》の憲法《けんぽう》
問3　エ
問4　(1)空海《くうかい》　(2)イ
問5　平清盛
問6　(1)エ　(2)ウ

［解説］問2　聖徳太子《しょうとくたいし》の定めた冠位十二階《かんいじゅうにかい》と混同しないようにする。冠位十二階は，家柄《いえがら》に関係なく，才能や功績のある人物を用いる制度である。
問3　この文の時代は奈良時代である。
問4　天台宗《てんだいしゅう》を開いた最澄《さいちょう》とまちがえないこと。

[3] 問1　C　問2　ウ　問3　エ
問4　娘《むすめ》を天皇《てんのう》のきさきにして，天皇の親戚《しんせき》になった。
問5　エ，H　問6　ア，N
問7　a…北条泰時《やすとき》　b…徳川慶喜《とくがわよしのぶ》
問8　イ　問9　ウ，オ
問10　エ

［解説］問1　A～Fを古いものから順に並《なら》べかえると，B→F→C→A→D→Eとなる。
問4　天皇のきさきとなった娘が皇《おう》子《じ》を生むと，藤原道長《ふじわらのみちなが》は天皇の祖父《そふ》となった。
問9　ウは8代将軍《しょうぐん》徳川吉宗《よしむね》，オは室町《むろまち》時代の日明《にちみん》貿易の様子である。
問10　イの日米和親条約とまちがえないこと。日米修好通商条約では，函館《はこだて》・新潟《にいがた》・横浜《よこはま》（神奈川《かながわ》）・神戸《こうべ》（兵庫《ひょうご》）・長崎《ながさき》の5港が開かれた。

[4] (1)エ　(2)ア　(3)自由民権《みんけん》運動
(4)ウ　(5)野口英世《のぐちひでよ》

［解説］(1)エの土地や農民をすべて国のものにした政策《せいさく》は，公地《こうち》・公民《こうみん》で，大化《たいか》の改新《かいしん》で行われた。
(2)アは1964年，イは1945年，ウは1956年，エは1946年のことである。
(4)岩倉具視《いわくらともみ》らの使節団が欧米《おうべい》に向けて出発したのは1871年のことである。

[5] 問1　①…イ　②…エ
③…ア　④…ウ
問2　①…鑑真《がんじん》
②…ペリー
③…フランシスコ＝ザビエル
④…マッカーサー
問3　①…奈良時代　②…江戸《えど》時代
③…室町《むろまち》時代　④…昭和《しょうわ》時代

［解説］問1　アのフランシスコ＝ザビエルは，1549年に鹿児島《かごしま》にキリスト教を伝えた。イの鑑真は日本に律宗《りっしゅう》を伝えた。ウのマッカーサーは，太平洋戦争後，連合国軍最高司令官総司令部の最高司令官として日本に赴任《ふにん》した。エのペリーは，1854年に幕《ばく》府《ふ》との間で日米和親条約を結んだ。

[6] 問1　兵農分離《へいのうぶんり》　問2　オ

問3　下剋上《げこくじょう》　問4　エ

問5　エ　問6　イ

［解説］問2　アの平城京《へいじょうきょう》は奈良《なら》，イの後醍醐《ごだいご》天皇《てんのう》が開いた南朝《なんちょう》は奈良県の吉野《よしの》，ウの安土城《あづちじょう》は琵琶湖畔《びわこはん》，エの大阪は「天下の台所」とよばれた。

問4　アの親鸞《しんらん》は浄土真宗《じょうどしんしゅう》，イの一遍《いっぺん》は時宗《じしゅう》，ウの道元《どうげん》は元ではなく宋にわたり，帰国後曹洞宗《そうとうしゅう》を開いた。

7　問1　念仏《ねんぶつ》　問2　親鸞

問3　イ　問4　オ

問5　a…イ　b…エ

問6　エ

［解説］問2　浄土宗を開いた法然《ほうねん》と浄土真宗を開いた親鸞をまちがえないようにする。

問3・問4　臨済宗《りんざいしゅう》と曹洞宗は禅宗《ぜんしゅう》の宗派である。

問6　エ　帰国した使節団は，国内で唱《とな》えられていた征韓論《せいかんろん》に反対した。

8　問1　ア　問2　足利義政《あしかがよしまさ》

問3　イ　問4　新井白石《あらいはくせき》

問5　エ

［解説］問1　ウの通信符は勘合《かんごう》(勘合符)の誤りである。

問2　金閣《きんかく》を建てたのは足利義満《よしみつ》，銀閣《ぎんかく》を建てたのは足利義政である。

問3　アは島原《しまばら》・天草一揆《あまくさいっき》，ウは正《しょう》長《ちょう》の土一揆，エは山城国《やましろのくに》一揆の様子である。

9　問1　大宰府《だざいふ》　問2　A

問3　エ

問4　1　1543　2　オ

3　エ　4　織田信長《おだのぶなが》

5　イ

［解説］問2　アは鎌倉《かまくら》時代，イは平安《へいあん》時代後期，ウは鎌倉時代と室町《むろまち》時代の間，エは平安時代中期，オは古墳《こふん》時代である。

10　問1　(1)松平定信《まつだいらさだのぶ》　(2)徳川吉宗《とくがわよしむね》

(3)新井白石《あらいはくせき》　(4)井伊直弼《いいなおすけ》

(5)徳川家光《いえみつ》

問2　囲米《かこいまい》の制　問3　イ

問4　ア　問5　目安箱《めやすばこ》

問6　ハリス　問7　ウ

問8　桜田門外《さくらだもんがい》の変《へん》

［解説］問4　Dの改革《かいかく》は享保《きょうほう》の改革である。イとエは寛政《かんせい》の改革，ウは天保《てんぽう》の改革の内容である。

問7　この大弾圧《だいだんあつ》を安政《あんせい》の大獄《たいごく》という。

11　問1　イ　問2　ア

問3　ウ　問4　ウ

問5　ウ　問6　エ

問7　ア　問8　ア

［解説］問3　3代将軍は足利義満。

問5　ア・イは豊臣秀吉《とよとみひでよし》の政策《せいさく》。織田信長が楽市令《らくいちれい》を出したのは安土城《あづちじょう》下《か》である。

12　①…室町　②…足利義政

③…書院《しょいん》　④…応仁《おうにん》

⑤…祇園《ぎおん》

［解説］①書院造が始まったのは室町時代である。建築様式には，このほかに，校倉造《あぜくらづくり》，寝殿造《しんでんづくり》，武家造《ぶけづくり》などがある。

④応仁の乱《らん》は1467年に京都を中心におこった。

13　問1　(1)伊藤博文《いとうひろぶみ》　(2)内閣《ないかく》総理大臣

(3)西郷隆盛《さいごうたかもり》　(4)西南《せいなん》戦争

(5)板垣退助《いたがきたいすけ》　(6)自由民権《みんけん》

(7)陸奥宗光《むつむねみつ》

問2　あ…ウ　い…ア　う…オ

［解説］問1　(1)伊藤博文は，君主権の強いドイツの憲法《けんぽう》を学び，大日本帝国憲《ていこくけん》法《ぽう》の草案《そうあん》を作成した。

(2)の最大の反乱は西南戦争である。